小学校算数

鈴木正則

グループ学習

明治

JN039393

大全

はじめに

「話し合いなんて無駄です！」

　小学校で算数を10年間，中学校で数学を8年間教えました。

　そこでは，グループや全体での話し合いを通して，子どもが考えを伝え合い，かかわり合い，数学的な見方・考え方を伸ばしていく授業を目指していました。

　「先生，グループやクラスみんなで話し合うなんて無駄です。よいやり方があるなら最初から教えてください」

　授業を工夫することが楽しいと思えていたころ，子どもに言われた言葉です。

　この言葉からは，グループや全体で話し合う価値を子どもが見いだしていないことがわかります。残念なことに，「話し合いなんて無駄！」と言った子どもに，「話し合いには価値があるね！」と言わせることができないままになってしまいました。

学び合う中で子どもは伸びる

　2020年4月から完全実施される新しい学習指導要領では，子どもが学び合う「主体的・対話的で深い学び」が求められています。

　そんな中，グループや全体での話し合いをどう工夫した

らよいのか思案していたところ，2017年末，大学時代の恩師である東京家政大学の石田淳一教授の研究・実践に出会いました。石田先生が提示された授業VTRを見て，目から鱗が落ちました。画面には生き生きと学び合う子どもの姿がありました。

　石田先生が提唱されている学び合いの授業理論や指導方法を学び，2018年から小・中学校で研究や授業実践を積み重ね，自分なりに授業理論や指導方法をまとめました。本書では，その授業理論，指導方法，実際の授業事例を紹介します。

　また，実践して，子どもの学習意識はどうか，学力は伸びたのかという検証結果も紹介します。端的に言えば，子どもの学習意識は高まり，学力，特に思考面が向上しました。検証した小学校では「グループ学習はためになる」と回答した児童の割合は約70％，「クラス全体で話し合うことはためになる」と回答した割合は77.7％という高結果となりました（第1部第3章より）。

　「話し合いなんて無駄！」

　こう思う児童が同校にはほとんどいません。級友と学び合う価値を子どもが感じています。同校での子どもの学び合う姿を見るにつけ，

　「子どもはともに学び合う中で伸びる」

と強く感じました。

本書の発行にあたり，石田先生をはじめ，授業実践にご協力をいただいた豊田市立寿恵野小学校の佐宗敏久校長先生及び諸先生方，本書の企画段階から大変お世話になった明治図書の矢口郁雄氏に，心より感謝申し上げます。

2020年1月

鈴木　正則

もくじ
CONTENTS

はじめに

第1部 理論編

第1章
子ども同士の協働的な学びを目指して

第2章
グループ学習を生かした算数授業の方法

第3章
学習に対する意識と学力の検証

第2部 実践編

第1章
ペア学習を生かした
1学年の授業事例

第2章
グループ学習を生かした
2学年の授業事例

第3章
グループ学習を生かした
3学年の授業事例

第4章
グループ学習を生かした
4学年の授業事例

第1部 理論編

第1章
子ども同士の
協働的な学びを
目指して

1

協働的な
学び

(1) 求められる協働的な学び

　平成29年7月に示された小学校学習指導要領解説・総則の冒頭には，改訂の経緯として，急速なグローバル化や社会構造等の変化，人工知能（AI）の飛躍的な進化といった予測困難な時代における10年先を見据え，学校教育に求められることが記されています。その中に，下のように「協働」という言葉が登場しています（文中の下線は筆者による）。

　　　このような時代にあって，学校教育には，子供たちが様々な変化に積極的に向き合い，<u>他者と協働して課題を解決していくこと</u>や，…

（文部科学省，2017，p.1）

　また，同総則「第3節　教育課程の実施と学習評価」の中で，「対話的な学び」が次のように示されていますが，そこでも「協働」という言葉が登場しています（文中の下線は筆者）。

子供同士の協働，教職員や地域の人との対話，先哲の
考え方を手掛かりに考えること等を通じ，自己の考え
を広げ深める「対話的な学び」が…

(文部科学省，2017，p.77)

　次に，算数について見てみると，算数科の目標は，「数
学的な見方・考え方を働かせ，数学的活動を通して，数学
的に考える資質・能力を次のとおり育成することを目指
す」とされ，「数学的活動」が目標に示されています。数
学的活動の定義は，小学校学習指導要領解説・算数編の中
で下のように定義されており，その中にも「協働」という
言葉が登場します（文中の下線は筆者）。

　数学的活動とは，事象を数理的に捉えて，算数の問題
を見いだし，問題を自立的，協働的に解決する過程を
遂行することである。

(文部科学省，2017，p.23)

　このように，新しい学習指導要領では，「協働」という
言葉が1つのキーワードとなっており，「協働」という学
び方が重視されていることがわかります。

(2) 算数科における協働的な学び

　学習指導要領が示す「他者と協働した学び」では，「他者」を，子どもに限らず幅広く捉えていますが，実際の算数の授業で考えてみると，「他者」は子ども（友だち）が主となると思います。

　子ども同士が協働する学びとしては，「話し合い」の場面が考えられます。例えば，グループになって話し合う場面があります。そこでは，どのような学びがなされればよいのでしょうか。グループでの話し合いにおいて，次のような子どもの姿を見ることがあります（下の用語は筆者が用いているものですが，「タダ乗り」という用語等は，ジョンソンら（2010）を参考にしています）。

タダ乗り

　自分は考えようとしないで，グループのメンバーの解法や解答をノートに写すなどして便乗する。

ワンマンショー

　意見の強い子や進んでいる子などがワンマンに話し合いや作業を進める。

蚊帳の外，おいてきぼり

　話し合いについていくことができなかったり，外れてし

まったりする。

発表会形式

　話し合いがそれぞれの考えや解法を発表する程度でとどまり，かかわりのある話し合いになっていない。

　このような姿はグループ学習に限らず，全体での話し合いの場においても見られますが，こうした状況で，子ども同士が対話している，あるいは協働的な学びがなされていると言えるでしょうか。

(3) 協働的に解決すること

　(1)で示したように，算数では，数学的活動として，「問題を自立的，協働的に解決する」ことが求められています。「自立的に解決する」とは，他者の助けなしに自分一人で解決することを指します。

　それでは，「協働的に解決する」というのはどのような学びの姿でしょうか。

　これまでも，子ども同士が話し合い，解決する授業は求められてきていますが，「話し合い，解決する」ことと「協働的に解決する」こととはどう違うのでしょうか。算数（数学）において，課題（問題）を協働的に解決する授業のあり方を考えていく必要があります。

課題（問題）を協働的に解決する授業のあり方を考える
にあたり，OECD（経済協力開発機構）が示す「協同問題
解決」が参考になります。

　2015年に実施されたOECD「生徒の学習到達度調査」
（PISA2015年調査）では，これまでの主要3分野「読解
力」「数学的リテラシー」「科学的リテラシー」の調査に加
え，「協同問題解決能力」の調査が実施されました。これ
は，協同問題解決能力が子どもに求められる能力の1つで
あるということを裏づけています。

　協同問題解決能力とは，OECDによって，以下のよう
に定義づけられています。

　　　複数人が，解決に迫るために必要な理解と労力を共有
　　　し，解決に至るために必要な知識・スキル・労力を出
　　　し合うことによって問題解決しようと試みるプロセス
　　　に効果的に取り組むことができる個人の能力である。
　　　　　　　　　　　　　　　（国立教育政策研究所，2017，p.106）

　この定義によれば，協同問題解決は「複数人が，解決に
迫るために必要な理解と労力を共有し，解決に至るために
必要な知識・スキル・労力を出し合うことによって問題解
決する」こととなります。

　この協同問題解決を，算数の授業に当てはめて考えると，
「子どもたちが，解決に迫るために必要な理解と労力を共
有し，課題（問題）の解決に至るために必要な知識，技能，

数学的な見方・考え方などを出し合うことによって解決する」ことになります。

このような協同問題解決の考え方は，協同学習（Cooperative Learning）の考えに基づくものと言えます。協同とは，「共有された目標を達成するために一緒に取り組む」ことであり，協同学習とは「生徒たちがともに課題に取り組むことによって，自分の学びとお互いの学びを最大限に高めようとする，小グループを活用した指導方法」です（ジョンソンら，2010，p.11）。

先に示した算数の授業の例につけ加えると，「子どもたちが，解決に迫るために必要な理解と労力を共有し，課題（問題）の解決に至るために必要な知識，技能，数学的な見方・考え方などを出し合うことによって解決し，自分の学びとお互いの学びを最大限に高めようとする」ことになります。

この姿は，算数の授業において，課題（問題）の解決に向かって，子ども同士が「学び合う」姿であると言えます。ここには，先に述べた，タダ乗り，ワンマンショー，蚊帳の外，おいてきぼりといった問題となる姿はありません。

本書では，算数において「課題（問題）を協働的に解決する」姿は，上記下線部分のように，子どもが協同問題解決に取り組む姿であると捉えます。

2
授業改善の視点

　ここでは，先述の「協同問題解決」に基づいて授業を改善していく視点と授業理論を示します。

(1) 問題解決のプロセスと協同のプロセス

　OECDは，協同問題解決がなされる過程として「問題解決のプロセス」と「協同のプロセス」の双方を示しています。これは下の図表1（筆者作成）のように，グループとして，課題（問題）を解決していく「問題解決のプロセス」と，グループのメンバーの学びを最大限に高め，ともに高まり合う「協同のプロセス」があるとしています。

図表1　グループ学習におけるプロセス

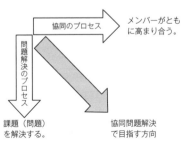

算数の授業で言えば，「問題解決のプロセス」は，課題（問題）を解決するのに，グループのメンバーがそれぞれもっている知識，技能，数学的な見方・考え方などを出し合い，グループとして解決するプロセスとなります。グループとして解決するというのは，グループとして考え・解法をまとめるということです。

　「協同のプロセス」では，グループのメンバー全員が高まり合うことを目的にし，グループとしての成長を目指した活動を進めます。そこでは，お互いの状況や考えを相互に理解し，メンバー全員がかかわり合い，協同した活動を進めることで，それぞれが考えを深めていくようにします。

　しかし，現実的には，すべての子どもが解決に必要となる知恵をもっているわけではありませんし，中には，わからない子がいたり，誤答していたりする子がいるのが現実だと思います。しかし，そのようなグループの状態であっても，お互いの状況や考えを尊重し，グループのメンバー全員がかかわり合い，対話し，知恵を出し合いながら，グループとしてよりよく課題（問題）を解決していこうとすることが求められます。先述のタダ乗り，蚊帳の外，おいてきぼり，ワンマンショー，発表会形式にならないようにグループワークを進めなければなりません。

　例えば，わからない子は，他の子に，

　「…まではわかるけれど，〜がわからない。どう考えたらいいの？」

などと質問したり，誤答をした子は，

「どこで間違えたのかわからない」

などと質問したりして，他のメンバーから説明を受け，説明する子は相手のつまずきを理解したうえでわかりやすく説明し，お互いに理解を深めていくようにします。また，メンバーの中で考えや解決が異なっている場合は，お互いの考え・解法を尊重し，比較検討し，よりよい解法を求めていくようにします。

　本書では，このように，「問題解決のプロセス」と「協同のプロセス」に従って，メンバーが協同した活動を進め，グループとして解決する過程を通して，メンバー全員が高まる授業を目指しています。

(2) グループ学習の改善

　(1) で示した問題解決のプロセスと協同のプロセスという基本的な考え方に基づいて，グループ学習を図表2のように改善します。

　次ページの図表2は，グループ学習の基本的な考え方とグループ学習の流れを示しています（詳しくは，第2章で示し，授業事例は第2部で紹介します）。

図表2　グループ学習の基本的な考え方とプロセス

基本的な考え方	メンバーの考え，解法を持ち寄り，対話して協同的に解決していく過程を取り入れ，グループとして，考え・解法をまとめる。
プロセス	①課題（問題）に対して自分の考えをもつ。 ②メンバーの考え・解法を持ち寄り，伝え合い，メンバーの状況を知る。 ③話し合いの進め方を相談する。 ④互いの考え・解法を説明し，理解し，話し合い（比較検討等），よりよく解決する。 ⑤グループとして，考え・解法をまとめる。

　図表2のように，グループ学習を進めるには，子どもたちに，話す・聞くにかかわるスキルや，対人関係スキル，かかわりを生む対話の仕方といったスキルを身につけさせたり，話し合いの進め方，グループ学習のルールなどを指導したりする必要があります。これらのスキルや学習ルールについては，第2章で具体的に示します。

(3) 全体の話し合いの改善

　グループ学習だけでなく，全体で話し合う場も子ども同士が協働して学ぶ場です。全体の話し合いにおいても，問題解決のプロセスと協同のプロセスの考え方に基づいて話

し合いの方法を工夫します。

　全体の話し合いでは，発表や発言する子どもが限られていたり，意見交流も数名しかしていなかったりする場合があります。こうした状態から脱却し，全体の話し合いが，一部の子どもだけによるものにならず，全員がかかわり，課題（問題）を協同的に解決していく方法を工夫する必要があります。

　そこで，グループ学習を生かして全体での話し合いを進めていく方法を考えてみます。

　全体の話し合いにおいても，問題解決のプロセスと協同のプロセスに基づいて話し合いを進めるようにします。その基本的な考え方と話し合いの流れは以下の図表3のようになります。

図表3　全体での話し合いの基本的な考え方とプロセス

基本的な考え方	各グループの考え，解法を持ち寄り，協同的な話し合いによって，課題（問題）をよりよく解決し，学級として考え・解法をまとめる。
プロセス	①全グループの考え・解法を知る。 ②分類・整理する。 ③話し合う内容，話し合いの進め方を確認する。 ④各グループの考え・解法を理解し，話し合い（比較検討等），よりよく解決する。 ⑤学級として，考え・解法をまとめる。

グループ学習によって，グループとしてまとめた考え・解法を全グループが出し合い，それぞれの考え・解法を理解し合い，意見交流（比較検討等）して，課題（問題）をよりよく解決する話し合いをします。

　話し合いでは，解法がわからなかったグループがあれば，他のグループが説明し，異なる考え・解法が出されれば，それぞれの考え・解法を説明し合い，理解し，すべてのグループが高まるようにします。

　すべてのグループが高まるということは学級全員が高まることになります。

3

学び合いを生む
協同解決型の授業

(1) 授業構想

　2では，グループ学習と全体での話し合いの改善について述べました。その考え方に基づいて，グループ学習と全体での話し合いを組み込んだ1時間の授業構成を考えます。授業構想は図表4のようになります。

図表4　授業構想

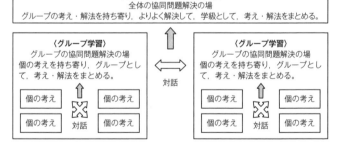

※3年生以上は4名の小グループ，1年生2年生はペア（2人組）が主となる。

　子どもの考えは，グループ学習において，対話を通してかかわり合い，グループとして考え・解法をまとめること

で深まります。さらに，全体での話し合いの場において，他グループの考え・解法を理解し，グループ同士の考え・解法を比較検討する中で高まっていきます。

　なお，本書では，全体での話し合いは，グループ学習の成果を交流することになるので，「全体交流」と呼ぶことにします。

(2) 授業の流れ

　図表4で示した授業構想を，1時間の授業の流れに当てはめると，次ページの図表5のようになります。

　図表5で示した授業の流れは，どの学習内容でもいつでも行うというものではなく，子どもの実態や学習内容に応じて，軽重をつける必要があります。また，時間配分も図表5では，基本的な配分を示してありますが，これも学習内容や子どもの習熟の度合いによって調整する必要があります。

　例えば，多様な考え・解法の比較検討を十分にしたい場合には，全体交流の時間を多めにとったり，課題（問題）のレベルが高い場合には見通しやグループ学習の時間を多くとったりする場合もあります。

　また，習熟を図るような学習内容では，グループで話し合う時間を少なくし，グループで練習問題に取り組む場合もあります。

図表5　授業の流れ

順番	1	2	3	4	5	6
			協同問題解決の場			
時間	7分		13分	15分	10分	
学習活動	課題を把握する	見通しをもつ	**グループ学習** ①課題（問題）に対して自分の考えをもつ。 ②メンバーの考え・解法を持ち寄り，伝え合い，メンバーの状況を知る。 ③話し合いの進め方を相談する。 ④互いの考え・解法を説明し，理解し，話し合い（比較検討等），よりよく解決する。 ⑤グループとして，考え・解法をまとめる。	**全体交流（話し合い）** ①全グループの考え・解法を知る。 ②分類・整理する。 ③話し合う内容，話し合いの進め方を確認する。 ④各グループの考え・解法を理解し，話し合い（比較検討等），よりよく解決する。 ⑤学級として，考え・解法をまとめる。	まとめる　適用問題を解く	本時の学習を振り返る

　第1章では，学習指導要領において「協働」という学び方が重視されていることに触れ，算数において「課題（問題）を協働的に解決する」学習として，協同学習をベースに，OECDの協同問題解決の考え方（「問題解決のプロセス」と「協同のプロセス」）を軸にした授業づくりの視点を示し，グループ学習と全体交流のあり方を示しました。本書では，このような協同問題解決の考え方に基づいた授業の方法を，「協同解決型の授業」と呼ぶことにします。協同解決型の授業は，グループ学習を生かした授業であり，子ども同士の学び合いを生む授業です。

第1部 理論編

第2章
グループ学習を
生かした
算数授業の方法

1
学び合いを生む
グループ学習

(1) グループ学習の基本

①協同の意識

　グループ学習では，「グループのメンバーは，それぞれの努力が自分のみならず，他のメンバー全員にも同じように役立つのだ」（ジョンソンら，2010，p.14）という互恵的な協力関係を子どもの意識の中に育てることが重要です。

　グループのメンバーの中に，つまずいている子がいたら，まわりの子どもは，その子に積極的にかかわり，説明して，その子がわかるように，できるように導くといった「仲間を高めるための援助を尽くす責任」をもち，わからなかったり間違えてしまったりした子は，メンバーに「わからない」「間違えた」などと伝え，まわりの子からの支援を受け入れ，わかる，できるようになる努力をするといった「仲間の援助に誠実に応える責任」をもつことを自覚させます（杉江，2011）。教師は，こうした2つの責任を，グループ学習の導入時及び継続的に指導する必要があります。

　また，グループ学習では，「仲間に教えてもらえるから」

と他者に依存してしまうことが懸念されます。そこで，グループが高まるという目標とともに，個人としても高まるという意識を育てることが大切です。

　個が高まる手立てとして，課題（問題）に対して，自分の考えがもてなかった（曖昧であった）子には，グループメンバーからの説明や話し合いによって，自分の考えが深まり，解法を理解できたら，今度はメンバーに自分の言葉で説明したり，自分の力で課題（問題）を解き直したりするように促します。

②グループの構成

　人数は４人が適当です。メンバーはある程度の期間同じがよいでしょう。ただし，グループ活動の初期であれば，長めの期間，同じメンバーにして，協同の意識を育て，対話の仕方，話し方・聞き方のスキル，グループ学習のスキルなどを身につけさせるようにします。

　メンバーの構成は，男女，能力，性格，人間関係などを考慮した異質グループがよいでしょう。メンバーの中に，学習リーダーになれる子どもを配置します。

③グループ学習を支えるスキル

　グループ内の人間関係をよい状態にすることは，対話の活性化につながり，学習意欲も向上します。よいグループ

ワークによって，一人ひとりの力を足した以上の効果が導かれることもあります。グループ内のよい人間関係とは肯定的・共感的な関係であり，互恵的な協力関係です。わからない，つまずいた子も「わからない」「できない」「間違えた」ことを伝え，まわりの子どもはそのことに対してバカにした態度をとるのではなく，肯定的・共感的に受け止め，メンバー全員が協力し，高まっていくといった，あたたかい雰囲気をつくることが大切です。

そのために，次のような対人関係スキルに基づいた話し方や聞き方を指導することが必要です。なお，ここで示しているスキルは，ジョンソン，D.W. ら（2010）や石田，神田（2014，2015，2016）を参考にしています。なお，「確認」「問いかけ」「呼びかけ，巻き込み」といった対話の仕方は後述の「かかわり合いを生む対話（話し方）」で詳しく述べることにします。

話す側

・相手の表情を見ながら話す（アイコンタクト）
・確認をとりながら話す（確認）
　「…ですよね」
　「…まではいいですか」
　「…まではわかりましたか」
・問いかけながら話す（問いかけ）
　「～について○○さんはどう思いますか？」
・呼びかける，巻き込む

「～まではいいですよね。○○さんつなげて説明してください」

「○○さんも一緒にやろうよ」

「みんなで一緒にやろうよ」

・相手の名前を言う

「○○さんにつけ足して，…になります」

「△△さんの意見と似ていて，…と考えました」

・前に出て話す

みんなにわかってほしいこと，大切だと思うこと，黒板にかきながら，図を使いながら説明した方がよいと思ったことなどは，自分から前に出て話すようにする。

聞く側

・相手を見ながら聞く（アイコンタクト）

・うなずく

・返事を返す

「はい」

「そうだね」

・相手の考えを肯定的に受け止める（肯定的な聞き方）

「…と考えたんだね」（誤答の場合も）

「○○さんの考えは，…と理解していいんだね」

・わからない，できない，間違いを肯定的に受け止める

「…というところまでわかったんだね」

・自分の考えと比べながら聞く

「私も○○さんと同じだよ」

・相手を称賛する

　「○○さんの考えすごいね」（称賛）

・雰囲気づくりをする

　「そうだね」

　「いいね」

　「なるほど」

　「そうか！」

④グループ学習のルール

　協同的な活動になるよう，メンバー全員が活動にかかわるようにします。そこで，「全員対話」「全員挙手」「全員発表」「全員作業」というルールを設けます。こうしたルールによって，自分が考えないで人の意見を受け入れる"タダ乗り"的な態度や，自分がしっかりした考えをもたず人の意見に左右される"付和雷同"の態度になることを防ぐことになります。全員対話，全員挙手，全員発表（リレー説明），全員作業といった手法は石田・神田（2012，2015，2016）を参考にしています。

全員対話

　全員が自分の考え（「わからない」「間違えた」「途中まで」も含めて）を伝えます。話し合いでは，「確認」「問いかけ」「呼びかけ，巻き込み」といった話し方をすることで，全員がかかわりながら対話をします。

全員挙手

ペアやグループでまとめた考え・解法を発言するときは,メンバー全員で取り組んだのだから,メンバー全員が挙手するようにします。

全員発表

グループとしてまとめた考え・解法を理解し,全員が説明できるようにします。全体交流の場では,リレー説明(交代で説明する)などの方法をして,メンバー全員がかかわり合いながら発表します。このように,全員が発表できるようにすることを目標にして,わからなかった子や誤答であった子は,グループ学習の中で,正しく理解し,自分の言葉で説明できるようにします。

全員作業

グループに1つのホワイトボードを使って,グループとしての考え・解法を全員が書く活動をします。その際,一人ひとりがペンを持って書くようにします。

(2) グループ学習を効果的に行う方法

　グループ学習の場で，わからない状態の子がメンバーから説明を聞いて理解するのはよいことですが，それが常態化すると，自分で考えず，だれかの説明を待つ姿勢が身についてしまうことが懸念されます。これは，数学的活動の中で求められている「自立的」な姿とは言えません。そこで，グループで話し合う前に，課題（問題）に対して，個人で考える場を設けるようにし，考えをもった状態でグループの話し合いを進めるようにします。

①考えを伝え合う方法

一斉にノートを見せ合う

　自分の考えをはっきりさせるために，ノートなどに書く活動は効果的です。しかし，ノートに書いたために，それを読むだけになってしまうことがあります。それでは聞く方は理解しづらいものです。

　また，グループで互いの考えを伝え合うのに，順番に発表する方法があります。それは一人ひとりが自分の考えを伝えるために行っているのですが，例えば，4人グループで，一人ひとりが書いたことを読み上げると，聞く方は理解することが難しく，"発表会形式"になってしまったり，時間がかかってしまったりすることがあります。

そこで，効果的なのが，ノートやワークシートをメンバーが一斉に見せ合う方法です。下の写真のように，自分が書いたノートやワークシートを中央に出し，メンバーの考えが比べられるようにします。

子どもは，ノートなどを見比べることで，自分と同じ考え・解法はどれか，だれとだれが同じか，異なるのか比較検討を始めます。その中で，相手に説明を求めたり，気がついたことを伝えたりして，対話が生まれてきます。対話は，ノートに書いてあることを見ながら聞き，説明する方はかいた図や線分図などを指し示しながら説明します。

また，伝える内容は書いてあることを読み取ればわかるので，書いたことをそのまま言うのではなく，どういう考え方をしたのか，アイデアやポイントとなる点を伝えるようにします。同じ考えなら「私は○○さんと同じで…」と伝え，異なる考えなら「私は○○さんと違って…」といった言い方をさせることで，一人ひとりが書いてあることを順番に言うだけの“発表会形式”から脱却できます。

②かかわり合いを生む方法（話し方）

　かかわり合いを生む対話の仕方について，話す側としては，図表6で示すように，「確認」「問いかけ」「呼びかけ，巻き込み」といった話し方があります。これは，相手のリアクションを引き出す話し方です。

　話す側は「確認」「問いかけ」をしながら，相手の表情や反応を見て，自分が話したことを相手がどのように受け止めているかを感じることで，自分の考えを相手にわかってもらおうという意識が生まれてきます。

　聞く側は，うなずいたり，返事をしたり，肯定的に受け止める言い方をしたりして，自分の考えと比べながら聞き，質問，賛成意見，つけ足し意見，反対意見を言うようにします。

図表6　かかわり合いを生む話し方

確　　認	相手に確認を取りながら話す。 ・〜ですよね？ ・〜となることはわかりますよね？
問いかけ	問いかけながら話す。 ・〜まではどう思いますか？ ・〜まではわかりますか？
呼びかけ 巻き込み	活動への参加を呼びかけたり，活動に巻き込んだりする。 ・○さんも一緒にやろう（書こうよ）。 ・□さん，この続きを言ってください。 ・△さん，私の意見につなげて言ってください。 ・△さんの考えを聞こうよ。△さんどうぞ。

対話の例　A〜Dの4人グループの場合

A　僕は…と考えたけれど，…までわかる？（問いかけ）

B　うん。…と考えたんだね。（肯定的な聞き方）

C　わかるよ。

D　僕もそこは同じだよ。

A　次に，…となりますよね。（確認）

B　はい。

C　わからないよ。

D　僕もそこからわからない。

A　じゃあ，…までをもう一回説明するね。

A　…となるけど，わかる，Cさん？（問いかけ）

C　わかった。

D　僕はまだわからない。

A　Cさん，わかったなら，Dさんに説明できる？（呼びかけ，巻き込み）

C　…です。ここまでわかる，Dさん？（問いかけ）

D　…まではわかるけど，その次がわからない。

B　Dさん，…と考えたらわかるよ。

D　わかった。…ということだよね？（確認）

A　はい。

A　次に，Bさんが違う考え方をしているから，その説明を聞こうよ。（呼びかけ，巻き込み）

B　僕は，…ということに気づいて考えました。…ということはわかる？（問いかけ）

A　そうか，…と考えたんだ。僕と違うな。

C　僕もそこまでは気づいた。

B　じゃあ，Cさん，…からつなげて説明してください。
　　（呼びかけ，巻き込み）

C　Bさんにつなげて言うと，…になる。これでいい？
　　（問いかけ）

B　はい。

D　私はよくわからないから，もう1回説明してくださ
　　い。

A　僕が言うね。…だよね，Bさん。（確認）

B　そうだよ。…までわかる，Dさん？（問いかけ）

　　対話の仕方を子どもに指導するには，対話の仕方の例を
示すことが必要になります。

　　その際，よい対話の仕方や，うなずく，アイコンタクト
といった対人関係スキルを発揮している様子をＶＴＲに録
画して，それを子どもたちに見せると効果があります。Ｖ
ＴＲは，実際のグループ学習をしている子どもの姿でもよ
いですが，教師が子ども役を演じて録画するという方法も
あります。

③ホワイトボードを活用する方法

思考ツールとしての活用

　　グループ学習において，課題（問題）に対するグループ
としての考え・解法をホワイトボートに書いてまとめさせ

ます。

　その際，ホワイトボードは，発表用のツールとして用いるだけでなく，ホワイトボードを囲んでみんなで対話をしながら課題（問題）を解決したり，考えを書きながらみんなで説明し合ったりするといった，思考を深めるためのツールとしても活用します。

対話しながら全員が書く

　ホワイトボードはグループに１つ用意し，そこにメンバー全員が対話をしながら書き込むようにします。また，ホワイトボードをメンバーに回しながら書く方法もあります。このように，だれか一人がまとめて書くのではなく，メンバー全員で書くようにすることで，グループとしての考え・解法をまとめるという協同の意識が高まります。

　また，わからないでいる子を他のメンバーが囲んで，そ

の子が解けるように説明し，わからない子は質問しながら
ホワイトボードに書くようにすると活発な対話が生まれま
す。メンバー全員で書くことで，全体交流の場への参加意
欲も高まります。

　ペンはメンバー全員分あると，ホワイトボードにまとめ
る活動に参加する気持ちが生まれます。ペンの色は，黒，
青，赤を用いて，色を工夫して表現させるとよいでしょう。
このようなホワイトボードの活用は，石田・神田（2015）
を参考にしています。

　なお，ホワイトボードは子どもの発達段階を踏まえると，
2年生後半ぐらいから用いるのがよいと考えます。

040　**ホワイトボードの記述**

　ホワイトボードのかき方として，次のことを指導して，
基本的な表現力や数学的な表現力を高めるようにします。

　記述のポイントとなるのは，以下のようなことです。
・みんなが見てわかるような大きな字で書く。
・キーワード（解決でポイントとなるアイデアや考え方）
　を書く。
・①，②，③…とナンバーをつけて，筋道立った書き方に
　する（ナンバリング）。ナンバリングのかわりに，「はじ
　めに」「次に」「最後に」という記述もある。
・矢印を使って構造的に書く。
・解答はホワイトボードの一番下など，わかりやすい位置

に書く（書く場所や色を決めておいてもよい）。

・ポイントとなることは赤色にする，下線を引く，などと
　いったように，色や書式のルールを決めておく。

・式，図，線分図・数直線，表，グラフ，□，文字など，
　数学的表現をだんだん使えるようにする。

・話し合ってもわからなかった場合や，途中までしか書け
　なかった場合は，「？」や「途中まで」と書く。また，
　「…がわからない」などと書いて，どこがわからないの
　か，困っているのかを書くようにする（わからない点を
　全体交流の場で他のグループに質問して説明を受けるよ
　うにすることが大切）。

(3) グループ学習の進め方

　グループ学習のプロセスを図表2（第1章）で示しました。そのプロセスに応じたグループ学習の進め方を図表7に示します。

図表7　グループ学習の進め方

グループ学習のプロセス			活動内容
1	3分	課題（問題）に対する自分の考えをもつ。	3分間で自分の考えをノートなどにかく（3年生以上が原則）。
2	10分	メンバーの考え・解法を持ち寄り、伝え合い、メンバーの状況を知る。	❶自分の考えを伝える。解答が出なくても、どう考えたかを伝える。わからなかった場合は、わからないことを伝える。 ❷自分の考えと比べながら相手の考えを聞く。
3		話し合うことを確認し、話し合いの進め方を相談する。	❶話し合うことを確認する（省く場合あり）。 ❷メンバーの考え・解法の状況に応じて、話し合いの進め方を相談する。
4		互いの考え・解法を説明し、理解し、話し合い（比較検討等）、よりよく解決する。	❶対話しながら、お互いの考え・解法を理解する。 ❷メンバーの考え・解法の状況に応じて話し合いを進め、修正したり、比較検討したりして、よりよい解決になるよう話し合う。

5	グループとして，考え・解法をまとめ，ホワイトボードに書く。	❶グループとして，考え・解法をまとめる。 ❷全員で対話しながらホワイトボードに書く。 ❸全員で説明し合う。 ❹必要に応じて解き直しをする。
(注) プロセス2，3，4，5や，各プロセスの❶〜❹は順番に進まなくてはならないということではなく，対話の流れに応じて進んでいくようにする。 時間配分は13分間で計画した場合である。		

　次に，各プロセスの活動内容や指導のポイントについて詳しく示します。

①プロセス1

課題（問題）に対する自分の考えをもつ

　課題(問題)に対して，自分の考えをノートなどに書きます。ノートなどに考えを書く場面は，グループ隊形で取り組む場合でも原則的に相談せずに集中して取り組ませます。

　「考えをもつ」とは，解答までを導いた状態として捉えず，解答に至るまでの段階，つまり，解決の見通し，解答の見通しや予想，解決のアイデアや考え方などをもった状態までを含め，幅広く捉えるようにします。

　書く時間は3分間程度が適当です。アイデアや考え方などを書けばよいので，長い時間は必要ありません。3分あれば，式を立てて解答を導くことができ，十分な見通しを

もった子どもであれば，複数の解法で解くこともできます。

　自分の考えを書く活動は，子どもの発達段階から考えて，
３年生以上から取り組むのが適当と考えます。ただし，結
果の予想や，解決のアイデア（目のつけどころ）などを短
い単語で書かせることは２年生くらいからできるでしょう。

　なお，考えを書くように指示しても，途中までしか考え
ることができない子や，誤答を導いてしまう子，手がつけ
られない（わからない）子がいる場合もあります。できる
だけこういった子どもを出さないようにするために，問題
の設定や提示を工夫するなどして，見通しをもたせるよう
に指導を工夫する必要があります。

　しかし，それでもわからない状況というのは十分起こり
得るので，その状況をいったん受け入れ，グループの話し
合いの場で，「わからない」「途中までしか考えることがで
きなかった」ことをメンバーに伝え，他のメンバーから説
明を受けながら，考えを深めていくように促すことも大切
です。

②プロセス２

メンバーの考え・解法を持ち寄り，伝え合い，メンバーの状況を知る

　プロセス２では，自分の考えを伝え，自分の考えと比べ
ながら相手の考えを聞く活動を進めます。考えの伝え方は，
先述の (2)①で示したように，ノートなどに書いたものを

メンバーが一斉に見せ合う方法が効果的です。

　話し合いをリードするのはリーダー役の子どもが中心となりますが，話し合いの口火を切るのは必ずしもリーダーと限定する必要はなく，自然に話し合いが始まればよいとします。なお，リーダー役をより多くの子に経験させて，学級全体の話し合いのスキルを高めていくことも大切です。

プロセス２の話し合いの例　Ａ〜Ｄの４人グループの場合

Ａ　ノートを見せ合おうよ（３年生以上の場合）。
　　（ノートは中央に出して一斉に見せる。ノートを見ながら，互いの考え・解法を知る）

Ｄ　（Ａのノートを指して）Ａさんと私は，…が同じだね。

Ｂ　（ＡとＤのノートを見て）そうだね，…が同じだね。Ｃさんはどう考えたの？

Ｃ　（自分の書いた箇所を指しながら）私は，…とまでしか書けなかった。

Ｂ　（Ｃのノートを見ながら）でも，…まではＡさんと同じだね。

Ａ　Ｂさんはどう考えたの？

Ｂ　（自分の書いた箇所を指しながら）私は，答えは同じだけれど，ＡさんやＤさんと違って，…と考えたよ。

③プロセス3

話し合うことを確認し，話し合いの進め方を相談する

　プロセス3では，

❶話し合うことを確認する

❷メンバーの考え・解法の状況に応じて，話し合いの進め方を相談する

といった活動を進めます。❶，❷は区切って進むというよりは，対話の流れに応じて進めます。

　プロセス3は，目的のある話し合いをし，話し合いを協同的にするための準備です。グループで話し合うことを課題に照らして確認し，話し合いの目的や話し合うことを確認し合います。

　そして，メンバーの中に，考えをもてない（わからない）子がいるのか，異なる考え・解法があるのか，誤答があるのかといった状況を踏まえて，どう話し合いを進めるのか相談します。このプロセスによって，次のプロセス4が目的のある協同的な話し合いになります。

　そうしないと，発言力のある子どもが他の子どもを引っ張るパターン（ワンマンショー）になったり，それぞれの考え・解法を発表するだけ（発表会形式）になったり，それぞれが別々のことに取り組むだけ（分業）になったりする恐れがあります。

　❶については，グループ学習に入る前に，教師がグループで取り組むことは何かを明確に指示してもよいでしょう。

その場合，❶は省かれます。

　なお，プロセス3は，1，2年生の段階では難しいので，3年生後半ぐらいからだんだんと取り組ませるようにするとよいでしょう。

　グループのメンバーの考え・解法の状況は，図表8のA，B，C，Dの4つのパターンに整理されます。このパターンに応じて，話し合いの進め方を相談します。

図表8　メンバーの状況に応じた話し合いの進め方

メンバーの状況	話し合いの進め方
A　解答が同じで，考え方や解法もほとんど同じ	よりよい考え・解法になるように話し合う。
B　解答は同じだが，考え方や解法が異なる	自分とは異なる考え方を理解し，比較検討する。 〈比較検討の視点〉 ・それぞれの考え・解法の根拠や論理の正しさを検討する。 ・共通点，相違点を検討する。 ・よりよい考え方を求めたり，統合して捉えたりする。
C　解答が異なる（誤答を含む）	・計算ミスなどがないか，みんなで見直す。 ・どちらの答えが正しいのか，解き方を比較して考える。 ・誤答の場合はどこが間違っているのかみんなで話し合い，正しい考え方や解

		法に修正する。 ・間違えた子は，どこが間違いなのか理解し，自分の力で正しく解き直したり，説明できるようにしたりする。
D	何も書けていない子や途中までしか書けてない子がいる。	・わからなかった子がわかるように説明し合う。 ・わからなかった子は自分の力で解き直したり，説明したりする。

プロセス3の話し合いの例

❶話し合うことを確認する場面

A 課題（問題）は…だから，グループで…について話し合えばいいね。

A 課題（問題）は…で，…ということまでわかっているから，…ということを解決すればいいね。

❷話し合いの進め方を相談する場面

A どう話し合いを進めようか？

B みんな，それぞれの考えを理解できましたか？

C ○○さんの考えがよくわからないから，○○さんと同じ考えの△△さんが説明してくれたらいいね。

A 答えが分かれたから，どれが正しいのか考えよう。

A みんな同じ答えだから，解き方を比較してみよう。

A 間違いをみんなで話し合い，直そう。

A ○○さんの考えと△△さんの2つの考えがあるから，それぞれの考えを聞いて理解しよう。

A ○○さんと△△さんの考えを比べて考えよう。

A わからなかった子のために，みんなで説明しよう。

話し合いの進め方を相談する

④プロセス4

互いの考え・解法を説明し，理解し，話し合い（比較検討等），よりよく解決する

プロセス4では，

❶対話しながら，お互いの考え・解法を理解する

❷メンバーの考え・解法の状況に応じて話し合いを進め，修正したり，比較検討したりして，よりよい解決になるよう話し合う

といった活動を進めます。

　❷では，図表8で示したメンバーの状況や話し合いの進め方に応じて話し合うことになりますが，対話の流れに応じて進みます。話し合いでは，前述した対人関係スキルやかかわり合いを生む対話の仕方を用いるようにします。

プロセス4の話し合いの例
❶お互いの考え・解法を理解する場面

A 説明するね。…ですよね？（問いかけ）

B （うなずき）はい。

A …まではわかる？（確認）

B （うなずき）わかるよ。

A …まではどう思う？（問いかけ）

A ○○さん，わからないとき言ってね。（巻き込み）

A ○○さんも一緒に考えようよ。（呼びかけ）

A ○○さんが言っていることは，…ということだと考えていいんだね。（肯定的に聞く）

A …まではいいですか？　○○さん，後をつなげて説明してください。（巻き込み）

A ○○さんは，…に着目して考えたんだね。

A …と考えたのはよい考え方だね。（称賛）

A ○○さんの…という考えはすごいね。（称賛）

A Bさんと私は同じ考えだからつけ足して説明すると，…となりますよね。ここまでわかる？（問いかけ）

B そう考えたら私は間違えではなかったんだね。

A よくわからないから，もう一度言ってください。

B Aさんがわからないから，私が説明するね。

❷修正したり比較検討したりしてよりよい解決になるよう話し合う場面

A ○○さんの考えのここまではいいけれど，…の後が違っていたんだね。

B みんなでもう一度考えよう。

A ○○さんと△△さんの考えは同じ考え方だね。

A Bさんの考えは，私の考えより…だからいいね。

B Aさんの考えもいいと思うよ。

C Aさんの考えと，Bさんの考えは，目のつけどころが違うだけなのでどちらもいいと思うよ。

D Aさんの考えは式でやっているし，Bさんの考えは図でやっているから，2つを合体できるね。

比較検討して話し合う

⑤プロセス5

グループとして，考え・解法をまとめ，ホワイトボードに書く

　プロセス5では，

❶グループとして，考え・解法をまとめる

❷全員で対話しながらホワイトボードに書く

❸全員で説明し合う

❹必要に応じて解き直しをする

といった活動を進めます。

　なお，❶，❷，❸は順番に行うのではなく，対話の流れに応じて，グループとして，考え・解法にまとめていく一連の流れで行います。

❶グループとして，考え・解法をまとめる

　グループとして，考え・解法にまとめるには，図表9のように，話し合いの状況に応じて，1つにまとめる場合や，複数にまとめる場合があります。

　複数にまとめるというのは，グループで複数の考え・解法が出された場合，それらの解答や解法を吟味し，どれも正しいと判断し，比較検討した結果，統合に至らず，どちらの考え・解法もよいと認めた場合です。例えば，直角三角形の面積の求め方を出し合ったら，倍積変形による解法と等積変形による解法の2つがでてきて，話し合った結果，どちらの解法もよい考え方であると認めた場合です。

図表9　グループとして考え・解法をまとめるパターン

パターン	話し合いの状況
1つにまとめる	・1つの解法を正しく，よりよくした。 ・複数の考え・解法を比較検討し，よりよい考え・解法を導いた。 ・複数の考え・解法を統合し，1つにまとめた。
複数にまとめる	・複数の考え・解法がどれも正しく，それぞれがよいと判断した。ただし，それら複数の考え・解法をメンバー全員が理解している。

まとまらないわからなかった	・困ったことや，わからないことをみんなに伝えて，全体交流の場で他のグループから説明を受けて理解する。

　なお，グループとしての考え・解法は，メンバー全員の共有の考え・解法ですから，メンバー全員がその考え・解法を理解している（説明できる）ことが原則です。複数の考え・解法にまとめる場合は，複数の考え・解法がメンバー全員の共有の考え・解法となるので，どの解法も理解し，説明できるようにします。

❷全員で対話しながらホワイトボードに書く

　メンバー全員で対話をしながら，先述のホワイトボードの活用の仕方や書き方に従って，グループとしての考え・解法を書くようにします。話し合いが終わってから書くより，ホワイトボードを囲んで，メンバー全員で対話しながら書き込んだり，修正したりしながら，ホワイトボードにまとめていく状況になります。

❸全員で説明し合う

　グループとしてまとめた考え・解法を全員が説明できるようにします。

❹必要に応じて解き直しをする

　自分の考えをもてなかった子やつまずいていた子は，自分で解き直したり，自分の言葉で説明できるようにしたりします。また，多様な考え・解法がある場合は，自分の考えと異なる解法で解き直します。

プロセス5の話し合いの例
❶グループとして，考え・解法をまとめる場面

A　2つの解き方があるけれど，グループとしてどの解き方を選ぼうか？

B　○○さんの解き方がいいから，私たちはこの考えでまとめよう。この考えを話し合ってよりよくしよう。

A　○○さんと△△さんの考えを合体させた考えを，グループのまとめにしよう。

A　どちらの考えもいいから，2つの解き方をホワイトボードに書いて，どちらも発表しよう。

A　この答えだと問題の条件に合っていないんじゃないかな？　みんなでもう1回考えてみよう。

❷全員で対話しながらホワイトボードに書く場面

A　ホワイトボードに書きながら一緒に解こう。（わからなかった）○○さんも書きながら解こうよ。

A 大きな字じゃないとみんなが見えないね。色も変えてポイントを強調しようよ。

A キーワードを書こう。キーワードは何にする？

A 1，2とナンバーをつけて順序よく説明を書こう。

A こことここが関係していることがわかるように矢印で結ぼう。

A 前の授業で，数直線（線分図）を使ったらわかりやすかったから，今度もそれで表そうよ。

❸全員で説明し合う場面

A （わからなかった）○○さん，わかったことを，みんなに説明してもらえますか。

A 全体に向けてみんなが説明できるように練習をしよう。

❹解き直しをする場面

A （わからなかった）Bさん，自分のノートで解き直してみて。

B 私は，○○さんの考え方を使って解き直してみるよ。

（4）グループ学習における教師のかかわり方

　グループ学習において，教師はグループの話し合いを見守り，どういう解決状況なのかを把握し，グループワークの仕方について指導することが中心となります。

　かかわり方のポイントとしては，以下のようなことがあげられます。

話し合いの見守り

・協同的な話し合いがなされ，グループとして意見をまとめようとしているかを見取る。ワンマンショー，付和雷同，タダ乗り，蚊帳の外・おいてきぼり，などの様子が見られた場合，軌道修正のための助言をする。

・話し合いの進行に対する助言をする。

解決状況の把握

・どのグループがどのような考え方（解き方）を採用しようとしているのかを把握する。

・誤答のままでまとめようとしているグループ，解決が進まないグループはあるか把握し，どこにつまずいているかを捉える。

2
グループ学習を生かした 全体交流

　全体交流は，グループ学習を生かして話し合いを行います。本書で紹介する全体交流での指導方法は，石田・神田（2012，2015，2016）を参考にしています。

(1) 全体交流の方法

①すべてのホワイトボードを貼り出す

　全体交流では，グループが書いたすべてのホワイトボードを前に（黒板に）貼り出すようにします。低学年では，多くの情報があると混乱するので，１つずつ提示する方がよい場合もあります。全体交流では，グループ隊形のまま話し合いを進めます。ただし，黒板から席が遠いグループはホワイトボードに書かれている内容が読み取れないので，グループで集まって，黒板の近くに移動します。

②全員発表

　全体交流では，グループとしてまとめた考え・解法を発

表するので，原則メンバー全員で説明します。その方法と
して，メンバーが順番に説明するリレー方式があります。
その際，グループ内で発言が少ない子や活躍させたい子に
意図的に活躍の場をつくる配慮があるとよいでしょう。

③グループ相談

　全体交流では，一部のグループ間で意見交流したり，一
部の子どもだけで話し合ったりして，他の子どもやグルー
プが蚊帳の外，おいてきぼりにならないようにする必要が
あります。そのための方法として，話し合いを一時中断し
て，グループになって確認したり，話し合ったりする機会
（グループ相談）をつくると効果があります。

　グループ相談では，話し合われている内容を，グループ
で確認したり，話し合っている内容が理解できていない子
がいれば，他のメンバーが説明したりします。また，グル

ープとして意見をまとめたりします。

　グループ相談を取り入れることで，全体交流で話し合われている内容が学級全体に広がります。なお，グループ相談は，話し合いの状況をみて随時行い，時間は30秒〜1分程度の短い時間で行うのが効果的です。

　なお，グループ相談は，全体交流の場面だけでなく，前時の復習の場面，見通しをもたせる場面，まとめの場面といった授業の様々な場面で，子どもの状況を踏まえて随時取り入れると効果的です。

④ミニグループ学習

　基礎的な解法を全員が確実にできるようにしたい場合や，別の解法に取り組ませたい場合などに，話し合いを中断して，グループ学習を行う方法があります。この場合も3分程度の短い時間で行い，グループでメンバーの状況を確認し，わからない子，つまずいている子がいたら説明して，メンバー全員がわかるようにします。

⑤グループ間交流

　わからないでいるグループにわかっているグループが説明に出向いたり，同じ意見や解法同士のグループが集まり話し合ったりするなど，グループ間で意見交流をする方法があります。

(2) 全体交流の進め方

第1章で，全体交流のプロセスを図表3で示しました。そのプロセスに応じた学習活動を図表10に示します。

図表10　全体交流の進め方

全体交流のプロセス		活動内容
1	全グループの考え・解法を知る。	❶すべてのグループが，ホワイトボードを黒板に一斉に貼り出す。 ❷ホワイトボードに書かれている内容を読み取り，自分のグループの考え・解法と比較する。
2	分類・整理する。	❶ホワイトボードに書かれている内容を見比べ，考え・解法を分類・整理する。 ❷全体として，どのような考え・解法があるのか捉える。
3	話し合う内容，話し合いの進め方を確認する。 （省く場合あり）	❶学習課題に照らして，話し合うことを確認する。 ❷分類・整理したことを踏まえて，話し合いの進め方を確認する。
4	各グループの考え・解法を理解し，話し合い（比較検討等），よりよく解決する。	❶互いのグループの考え・解法を理解する話し合いを行う。 ❷よりよく解決する話し合いをする。
5	学級として，考え・解法をまとめる。	よりよい考え・解法にまとめる。

(注) 各プロセスの❶〜❷は順番に進まなくてはならないということではなく，話し合いの流れに応じて進んでいくようにする。示した時間配分は15分間の場合。

次に，各プロセスの活動内容や指導のポイントについて
詳しく示します。

①プロセス１

全グループの考え・解法を知る

　プロセス１では，まず，全グループの考え・解法を知る
活動を行います。そこでは，

❶すべてのグループが，ホワイトボードを黒板に一斉に貼
　り出す

❷ホワイトボードに書かれている内容を読み取り，自分の
　グループの考え・解法と比較する

といった活動を進めます。

❶すべてのグループが，ホワイトボードを黒板に一斉に貼り出す

　全グループの考え・解法を知るには，グループが１つず
つ発表していく方法がありますが，その方法だと時間がか
かってしまいます。そこで，すべてのグループのホワイト
ボードを一斉に黒板に貼り出し，読み取るという方法が効
率的であり効果的です。

❷ホワイトボードに書かれている内容を読み取り，自分のグループの考え・解法と比較する

　ホワイトボードが貼り出されたら，ホワイトボードに書

かれている内容を読み取り，理解するようにします。読み取る際には，自分のグループがまとめた考え・解法と比較したり，どのグループとどのグループが同じか，異なっているかなどを比較したりします。

②プロセス2

分類・整理する

　全体交流では，グループが導いた解答や解法を比較検討する話し合いを行います。その比較検討がスムーズにできるように，プロセス2では，

❶ホワイトボードに書かれている内容を見比べ，考え・解法を分類・整理する

❷全体として，どのような考え・解法があるのか捉える

といった活動を進めます。

❶ホワイトボードに書かれている内容を見比べ，考え・解法を分類・整理する

　プロセス1で，どのグループがどういう考えや解法なのかを把握したら，次に，ホワイトボードに書かれている内容を比較して，考えや解法で分類・整理します。

　分類・整理する視点は次のようになります。

　　ア　解答を導いているもの，いないもの，途中までのもので分類する

イ　解答（正答と誤答）で分類する

ウ　解法で分類・整理する

　　・何通りの解法があるか

　　・どのような解法があるか

　分類・整理は，教師と子どもとがやりとりしながら，ホワイトボードを移動させて，グルーピングするようにします。その際，子どもに，どこに目をつけて，どのようにグルーピングしたのかを発言させ，全体で共有するようにします。高学年では，慣れてきたら，子どもが前に出てホワイトボードを移動させてもよいでしょう。

　グルーピングでは，例えば，わからないでいたり，解答を最後まで導いていなかったりするグループはどこか，解答の相違や解法の相違で分類します。ホワイトボードを分類ごとに集めて，集めたものに「解答が○」「解答が△」，「□のやり方」「◇のやり方」のようにネーミングをしてお

ホワイトボードを分類・整理する

くと，比較する焦点がはっきりします。

　ただし，グループで複数の考え・解法をホワイトボードに書いている場合があるので，ホワイトボードを移動して，グルーピングできない場合があります。その場合は，教師が「全体で何通りの解き方があるかな？」と投げかけ，解法を整理するとよいでしょう。

❷全体として，どのような考え・解法があるのか捉える

　すべてのグループのホワイトボードをグルーピングして，どんな解答や解法がどれだけあるのかを把握し，どういう観点で分類・整理したのか目のつけどころを全体で共有します。

　ただし，この状態では，どの解答が正しいのか，どの解法がよりよいのかはわかっていません。子どもは，グルーピングされた状態を見て，自分のグループが導いた解答や解法と他を比較しながら，どの解答が正しくて，間違っているのか，どの解法がよりよいのかなどと，話し合う意欲をもつようになります。

065

③プロセス3

話し合う内容，話し合いの進め方を確認する

　全体交流では，グルーピングされた解答や解法を比較検討する話し合いが主となります。そこで懸念されることとして，正しい解答を確認する程度の「答え合わせ的な話し

合い」や，グループが1つずつ発表するだけで意見のかかわりが希薄な「発表会形式な話し合い」になってしまうことがあります。

そこで，プロセス3として，全体での話し合いを始める前に，話し合う目的をもたせ，全グループが高まるためには，どのように話し合いを進めるかを確認します。

そこで，プロセス3では，
❶学習課題に照らして，話し合うことを確認する
❷分類・整理したことを踏まえて，話し合いの進め方を確認する
といった活動を進めます。

❶学習課題に照らして，話し合うことを確認する

話し合いが，答え合わせ的なものにならないようにするために，話し合うことを確認します。

例えば，「小数のたし算の計算の仕方を考えよう」という学習課題で，「0.4＋0.3」という問題に取り組ませた場合，0.4＋0.3＝0.7になるという答えを確認するだけの話し合いになってしまうことがあります。

この場合，話し合うことは，小数のたし算の計算の仕方であり，どのように考えて0.3＋0.4の結果を0.7と導いたのか考え方を話し合うことになります。

このことを全体交流の前に確認します。例えば，教師が「0.3＋0.4の答えをどのように考えたのかを話し合い，小数が変わっても和を求めることができるようにしましょう」

などと投げかけるとよいでしょう。

❷分類・整理したことを踏まえて，話し合いの進め方を確認する

　話し合うことを課題に照らして確認したうえで，話し合いの進め方を確認します。話し合いの進め方は，貼り出されたすべてのグループが順番に発表していく「発表会形式」ではありません。プロセス2において，すべてのグループのホワイトボードを分類・整理した状況を踏まえて，話し合いを進めます。

　貼り出されたホワイボードに書かれている内容について，図表11のA〜Eの状況があります。その状況に応じて話し合いを進めます。

図表11　ホワイトボードの状況を踏まえた全体交流の進め方

ホワイトボードの状況	話し合いの進め方
A　わからないグループがある	わからないグループが理解できるよう他のグループが説明する。
B　解答が異なっている	正しい解答について，解法の根拠や論理について話し合う。
C　誤答のグループがある	どこが間違っているのか，どう修正したらいいか話し合う。
D　解答が同じで，解法はほとんど同じである	解法について話し合い，よりよい考え・解法となるよう話し合う。
E　解答が同じで，多様な解法がある	それぞれの考え・解法を説明して，理解し，比較検討して話し合う。

図表11のA～Eの状況に沿って，教師が下のように話し合いの進め方を確認するようにするとよいでしょう。

- A 「わからないグループがあるので，そのグループがわかるように説明する必要がありますね」
- B 「答えが異なっているので，正しい答えはどうなのか話し合う必要がありますね」
- C 「間違っているのは，どこを間違えたのか，どう修正したらいいのかを話し合う必要がありますね」
- D 「どれも同じ答えになっているので，解き方を話し合い，よりよい考え方や解き方にまとめていきましょう」
- E 「いくつかの考えや解き方がでているので，お互いの考えや解き方を理解して，比較して考える必要がありますね」

　プロセス3は，時間をかけずに，教師が子どもとやりとりをしながら進めていきます。全体交流の話し合いに子どもが慣れてくれば，プロセス3を割愛して，プロセス2からすぐにプロセス4に移ります。

④プロセス4

各グループの考え・解法を理解し，話し合い（比較検討等），よりよく解決する

プロセス4では，課題（問題）について，正しい解答やよりよい考え・解法について全体で話し合い，課題（問題）をよりよく解決していきます。

　そこでは，

❶互いのグループの考え・解法を理解する話し合いを行う

❷よりよく解決する話し合いをする

といった活動を進めます。

❶互いのグループの考え・解法を理解する話し合いを行う

　話し合いでは，まずお互いの考え・解法を理解するための話し合いをします。教師が「説明を聞いてみたいグループはありますか？」と切り出します。

　発表するグループは前に出て，リレー説明などをして全員で説明するようにします。その説明を受けて，質問，つけ足し，反対意見など意見交流をして話し合いを進めていきます。説明を求めたグループは，説明を聞いて理解できたのか，説明したグループや教師が確認し，理解できたなら，今度は説明を受けたグループが自分たちの言葉で説明してみるようにするとよいでしょう。

話し合いの例

T　聞いてみたいグループはありますか？

A　私たちのグループは，わからなかったので教えてください。

B　私たちのグループは，…までわかったのですが，そ

の後がわかりません。わかったグループがつなげて
ください。

C　△グループのホワイトボードがわかりやすいので説
明を聞かせてください。

(△グループが前に出て，説明をする)

D　□グループのホワイトボードに書いてある内容がよ
くわからないので，説明してください。

E　□グループの答えは…となっていますが，どう考え
たのか説明してください。

T　それでは，□グループが説明してください。

(□グループがa→b→c→dとリレー説明をする)

a　(指示棒を使いながら) 私たちのグループは，…と
考えました。ここまではいいですか？

b　(指示棒を受け取り，説明を交代して) 次に，…と
なります。○グループさん，ここまではいいです
か？

(以下，c→dと交代して説明を行う)

d　○グループさんたちは，理解できましたか。

D　わかりました。

T　説明を受けた○グループは，自分たちの言葉で説明
をしてみてください。

E　私たちのグループは，…ということがわからなかっ
たのですが，□グループの説明を聞いて，…だから，
…となることがわかりました。

F　さっき発表した□グループの説明につけ足しがあり

ます（つないで言います）。

リレー説明をする

❷よりよく解決する話し合いをする

　解答が異なるグループがある場合は，教師が「答えが異なっているグループがあります。答えはどうなるのか話し合いましょう」などと指示したり，子どもから「答えが異なっているので，どっちの答えになるのか話し合いましょう」などという意見を引き出したりするとよいでしょう。

　解法が異なる場合は，「いくつかの解き方（解法）があるので，それぞれの解き方について比較して考えていきましょう」などと話し合いを指示するとよいでしょう。

解答が異なる場合の話し合いの例

 T 答えが○と◎と異なっていますね。答えはどうなる
   のか話し合いましょう。

 T 答えが○となっているグループの中で，どのグルー
   プの説明を聞きたいですか？

 A □グループの説明が聞きたいです。□グループは説
   明をしてください。

（□グループが前に出て，説明をする）

 B 答えが◎になったグループの説明も聞きたいです。

 C 私たちのグループは，□グループと違って答えが◎
   になったので説明します。

（答えが◎となったグループが前に出て，説明をする）

 解答が異なる場合の話し合いでは，解答を導いた過程を
比較して，計算ミスを確認したり，根拠とした事柄や論理
の妥当性について確認したりする話し合いをします。正し
い解答や解法が明らかになったら，誤答を導いたグループ
が正しく理解できたか確認する必要があります。解き直し
をさせることもよいでしょう。

解法が異なる場合の話し合いの例

 T 2つの解き方があるので，比較して考えましょう。
   …という解き方をした○グループは説明してくださ
   い。

（○グループが前に出てリレー説明をする）

a　私たちは…と考えました。ここまでいいですか？

b　次に，…となりますよね？　…

c　…となるので答えは…となります。どうですか？

A　○グループにつけ足しで，…となります。どうですか？

B　賛成です。

C　私たちのグループ（□グループ）は，○グループと違います。

T　それでは，□グループ発表してください。

（□グループが前に出てリレー説明をする）

d　○グループは…と考えましたが，私たちは…と考えました。ここまでいいですか？

e　次に，…となるので，…

D　同じです。

E　□グループにつけ足しで，…と考えると，…になります。

　解法が異なる場合の話し合いでは，自分のグループがまとめた考え・解法とどこがどう違うのかに焦点を当てて話し合うようにし，考え方の違いを明らかにします。

⑤プロセス5

学級として，考え・解法をまとめる

　プロセス5では，プロセス4の話し合いを通して，より
よい考え・解法にまとめる活動をします。プロセス4と5
は連続的な話し合いになります。

　その際，どの解法にもよさがあるという立場に立ち，そ
れぞれの解法のよいところを理解したうえで，よりよい考
え・解法を話し合うようにします。

　そこでは，考え方や解法の優劣に主眼をおくよりも，み
んなでよりよい考え・解法を導いたり，まとめたりするよ
うにします。

　例えば，教師が「それぞれのやり方のよいところはどこ
ですか？」「話し合ってよりよい考えにまとめましょう」
などと投げかけるとよいでしょう。

　また，「どの考えにも共通していることはありますか？」
と多様な考え・解法を統合的に見るよう投げかけることも
よいでしょう。統合的に捉えることは，高学年でだんだん
と扱うようにしたいところです。

(3) 全体交流での教師のかかわり方

　全体交流では，活発な対話が行われるように話し合いを見守りながら，状況に応じて，次のように，発言を引き出す，促す，かかわらせるようにするとよいでしょう。

子どもの意見をつなぐ，ゆさぶる

　話し合いが活性化するように，子どもの意見をつないだり，ゆさぶったりします。「それで？」「どういうこと？」「どうして？」「これって本当に正しいの？」「どんなときも言えるの？」「もっとよい方法はないの？」という教師の投げかけが効果的です。

子どもの表情を見て切り返す

　話し合いを見守りながら，首をかしげている子や，わからない表情をしている子，発言したそうにしている子がいたら，発表したグループや全体に対して，「納得していなそうな子がいるよ」「わからない表情をしている子がいるよ」と切り返し，話し合いを深めるよう促します。

意図的指名をする

　話し合いが一部の子どもやグループに偏らないよう教師が意図的に指名する方法があります。例えば，次のように教師が意図的指名をするとよいでしょう。

「○さん，△さんの説明を聞いてわかりましたか？　わ
かるなら自分の言葉で説明してみてください。わからない
なら，どこがわからないのか言ってみてください」

　「○さんの意見に賛成ということでしたが，自分の言葉
で言うことができますか？　△さんどうですか？」

　「○さんは…がわからないと言っているので，□グルー
プさん，○さんがわかるように説明してください」

グループで相談させる

　本時の学習内容にかかわる意見が出て，それを全体に広
げて理解させたい場合に，話し合いを中断して「…につい
てグループで話し合ってください」とグループで相談をさ
せると効果があります。また，発言内容が難しく，多くの
子どもが理解できていない場合にも「今，○○さんが言っ
たことをグループで確認してください」などとグループで
相談をさせて確認し合うと効果があります。

　このグループ相談は，１分程度の短い時間で行い，全体
交流の場に限らず，見通しをもたせる場面など様々な場面
で活用すると効果があります。

子どもの発言のキーワードを板書する

　本時の学習内容にかかわる子どもの発言のキーワードを
板書し，子どもがそのキーワードを用いて意見を言ったり，
キーワードを用いて本時の学習をまとめたりできるように
します。

3
授業のポイントと
授業展開例

ここでは，第1章の図表5で示した授業の流れに沿って，
1時間の授業づくりをするうえでのポイントと授業展開例
を示します。

(1) 授業づくりのポイント

①問題設定，提示を工夫する

子どもを主体的に課題（問題）の解決に取り組ませるた
めに，問題の設定や提示を工夫することは重要です。問題
の設定や提示を工夫することで，子どもに「問い」が生ま
れ，解決の見通しをもつことにつながります。

具体的には，以下のような工夫の仕方があります。

・問題文を示さずに教師が読んで伝えたり，問題文を示
　さずに場面絵を見せたりして，問題場面を理解させる。
・条件不足で問題を設定し，どんな条件（数値等）があ
　れば解決できるか考えさせる。
・条件過多で問題を設定し，解決に必要な条件（数値

等）は何かを考えさせる。

・スモールステップで問題を提示して，段階的に場面や
条件を理解させる。

・既習事項とかかわらせながら問題を提示して，既習事
項の何を用いたら解決できるのか考えさせる。

・作図しながら（させながら）問題を提示して，図の条
件や性質に気づかせる。

　学習課題（めあて）は，教師が一方的に示すのではなく，
子どもとやりとりをしながら設定したり，「今日の学習で
は…ができる（わかる）ようにしたいです」「今日のめあ
ては，…にしませんか？」といった子どもの発言で設定し
たりすると，子どもの主体的に学ぶ姿勢が育ちます。

　また，単元のはじめに，単元の学習計画を子どもととも
につくり，その計画に沿って本時の学習課題を設定する方
法もあります。

②見通しをもたせる

　見通しには解決の見通しと解答の見通しがあります。解
決の見通しは，次のように，解決のアイデアや解決の仕方
などに気づくことです。

・○○のように考えたら解決できそうだ。

・○○ということに着目したら解決できそうだ。

・既習事項の…と似ている。既習事項の…を使ったら解

決できそうだ。

・前に学習した問題と似ているから，その条件を変えて
考えたら解決できそうだ。

・はじめに○○を考えて，次に△△を考えていったら解
決できそうだ。

解答の見通しは，「答えは…になりそうだ（予想）」とか，
「答えは○○という条件に当てはまる」といったことに気
づくことです。

見通しをもった状態で，自分の考えをもつ場やグループ
学習に移るようにします。見通しがないと，解決ができな
い，話し合いが深まらないといった状態になります。

しかし，子どもにとって，問題を見てすぐに見通しをも
つのは難しいことです。そこで，まずは，問題に対しての
気づきを言わせて，気づきから見通しへだんだんと高めて
いく方法があります。また，「解決するためのヒントとし
てどんなことがあるかな？」と解決するためのヒントや目
のつけどころを発言させる方法もあります。教師は，子ど
もの気づきやヒント発言を板書したり，他の子どもに確認
させたりして，共有を図るようにします。

個人で見通しをもつことが難しい場合は，見通しについ
てグループや全体で話し合わせる方法もあります。

(2) 1時間の授業展開例

　1時間の授業展開の例を図表12に示します。実際には，学年や発達段階，学習内容に応じて，時間配分を調整したり，学習活動の一部をカットしたり，軽重をつけたりする場合があります。

図表12　1時間の授業展開の例

時間	学習活動	指導上の留意事項等
7分	1　学習課題の設定	○前時の学習や既習事項とのつながりから本時の学習課題を設定したり，単元の学習計画をつくった場合は，それに沿って本時の学習課題を確認したりする。 ○教師が子どもとやりとりをしながら学習課題を設定したり，子どもが本時の学習課題を発言できるようにしたりするとよい。
		C　昨日は…ができるようになったので，今日は…ができるようになりたいです。 C　学習計画によると，今日は…を学習します。
	2　問題の提示	○問題の設定・提示を工夫する。 　・問題文を示さず，教師が読む 　・場面絵を活用する 　・条件不足や過多にする 　・スモールステップで示す

		・既習事項とかかわらせる等
		※1と2の順番を入れ替え，問題を提示した後で，子どもに本時の学習で課題となることを考えさせて，学習課題を設定するといった流れもある。
	3　見通しをもたせる (1) 気づきや解決のヒントなどを発言する	○見通しについて発言させ，全体で共有する。難しい場合は見通しについてグループで話し合ったり，全体で話し合ったりする。 ○気づきやヒントは板書して，共有化を図るようにする。 ・既習事項とのかかわりに気づかせると見通しにつながる。

T　何か気がついたことはありますか？
　（解決のヒントとなることは何かありますか？）
C　昨日の問題と…が似ています。
C　前の問題と…が違います。
C　前の問題と…という条件が変わりました。
C　解決するヒントは…に目をつけることです。

| | (2) 解決の見通しをもつ | ※3 (1) (2) は子どもの発言に応じて進む。 |

T　どのように考えたら解決できるでしょうか？
C　…に着目したらよさそうです。
C　前やった…の考え方を使えそうです。
C　はじめに…をして，次に…をして，順番にやれば解けそうです。

		(3) 見通しをもて たか確認する	○多くの子どもが見通しをもってから グループ学習に移る。
		T　見通しをもてましたか？　見通しをもてた人（ま たはグループ）は手をあげてみてください。	
13分	4	グループ学習 ※詳細は図表7を 参照	○取り組む時間を伝える。 ○時間内で取り組ませ最後までできて いなくても打ち切る。予定時間1分 前になったら時間を告げる。
15分	5	全体交流 ※詳細は図表10を 参照	○時間の目安を告げる。
10分	6	まとめる	○黒板に書いた子どもの発言のキーワ ードをうまく用いて，子どもとやり とりをしながら，教師が黒板に書い てまとめたり，子どもに本時のまと めを発表させたりする。 ※子どもにまとめさせる場合は，グル ープで相談させ，意見をまとめさせ るようにするとよい。
	7	本時の学習を 振り返る	※振り返りは，適用問題の後で扱う方 が効果的な場合もある。
	8	適用問題を 解く	○個人の自力解決を基本とする。 ○答え合わせはグループで行い，出来 栄えを称賛し合う，間違いを質問し 合う，わからない子に説明する，な どの活動を生み出すとよい。
	9	次時の 学習課題を 捉える	・次時は何をするのか考えさせたり， 学習計画に沿って次時の学習課題を 確認したりする。

第3章
学習に対する
意識と
学力の検証

1
学習に対する意識の検証

　本書の授業理論や指導法に基づく授業（「学び合いを生む協同解決型の授業」）は，2018年6月からA小学校（愛知県公立小学校）において，1〜6年までの全学級で継続的に実践しています。そのA小学校において，児童の算数の学習に対する意識調査を行いました。本項では，その結果と分析を示します。

(1) 調査方法・調査項目等

調査期間 (2018年9月〜2019年6月，9回調査)

　2018年9月，10月，11月，12月

　2019年1月，2月，4月，5月，6月

調査方法

　児童対象のアンケートを実施月の下旬に実施した。

調査対象

　2018年6月からグループ学習と全体交流を継続して実施している3年生，4年生，5年生に実施した。

対象児童 （対象児童は年度をまたぐ）	アンケート回答数
2018年度3年生 （2019年度4年生）	4学級114名
2018年度4年生 （2019年度5年生）	4学級112〜117名
2018年度5年生 （2019年度6年生）	3学級105〜107名

※転入出や欠席のため人数に幅がある

アンケート項目

児童は，下の調査項目に対して，下の1〜4の中から選び回答した（4件法）。

1：そう思わない
2：どちらかというとそう思わない
3：どちらかというとそう思う
4：そう思う

1　グループ学習に対する意識
①1人でやるよりグループで協力した方がよい結果が得られる。 ②グループの仲間といろいろな意見を出し合うことはためになる。
2　全体交流についての意識
①クラスの話し合いで，自分のグループ以外の人の意見を聞くことはためになる。 ②クラスみんなで話し合うとよい結果が得られる。
3　算数の授業に対する意識
①私は算数の授業が楽しい。 ②私は算数が好きである。

※アンケート調査は上表の項目以外にも実施しているが，紙面の都合上，割愛している

(2) 意識調査の結果

　アンケート結果を下のように月ごとに示し，状況を明らかにしました。なお，紙面の都合上，「4：そう思う」と回答した児童（3〜5年生）の割合のみを示します。

①グループ学習に対する意識の状況

「一人でやるよりグループで協力した方がよい結果が得られると思うか」に対して「そう思う」と回答した児童の割合

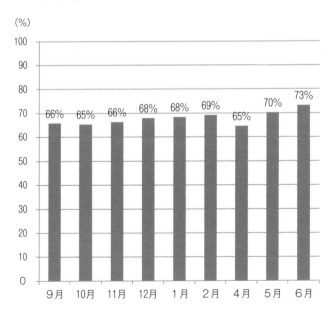

「グループの仲間といろいろな意見を出し合うことはためになる」
に対して「そう思う」と回答した児童の割合

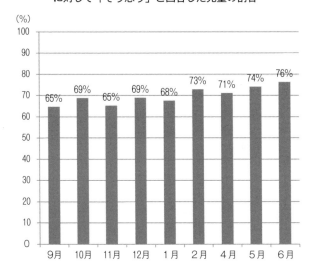

　調査は年度をまたいで継続して実施しています。毎月学習内容は変わり，4月からは学級のメンバーや指導教師（算数の授業者）が変わっています。こうした背景の中，「一人でやるよりグループで協力した方がよい結果が得られると思うか」に対して，「そう思う」と回答した割合は常に65％以上であり，4月に年度が変わった際には，若干割合が下がりましたが，5月，6月は向上し，70％を超えました。9回の結果を平均すると，約67.8％と高い結果となりました。

　次に，「グループの仲間といろいろな意見を出し合うことはためになる」に対して「そう思う」と回答した割合に

ついても，常に65％を超え，4月に前月より若干下がりましたが，5月，6月と向上し70％を超えました。また，9回の結果を平均すると約70％と高い結果になりました。

　これらの結果から，学習内容，指導教師，グループのメンバーが変わっても，児童はグループ学習の意義を理解し，グループ学習の効果を実感していることがわかります。このことから，本書で紹介しているグループ学習の理論と指導方法によって，児童は協力することの価値を認め，グループ学習のよさを実感していると言えます。

②全体交流に対する意識の状況

「クラスの話し合いで，自分のグループ以外の人の意見を聞くことはためになる」に対して「そう思う」と回答した児童の割合

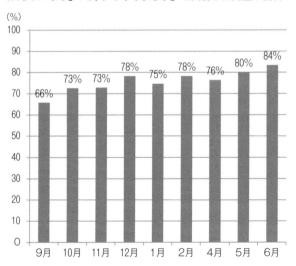

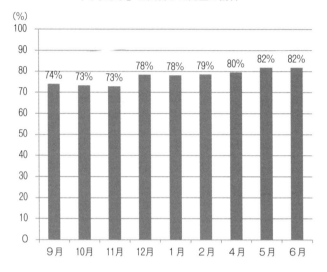

「クラスみんなで話し合うとよい結果が得られる」に対して
「そう思う」と回答した児童の割合

(%)

9月	10月	11月	12月	1月	2月	4月	5月	6月
74%	73%	73%	78%	78%	79%	80%	82%	82%

　全体交流に対する意識について，「クラスの話し合いで，
自分のグループ以外の人の意見を聞くことはためになる」
に対して「そう思う」と回答した児童の割合は常に66％を
超え，５月は80％，６月は84％と向上しました。９回の結
果を平均しても，約75.9％と高い結果になりました。

　「クラスみんなで話し合うとよい結果が得られる」に対
して「そう思う」と回答した児童の割合についても，常に
73％を超え，５月，６月は82％と向上しました。９回の平
均も約77.7％と高い結果になりました。

　これら調査結果から，本書で示した全体交流の理論と指
導法によって，児童は，クラス全体で話し合うことの価値
を認め，効果を実感していると言えます。

③算数の授業に対する意識の状況

「私は算数の授業が楽しい」に対して
「そう思う」と回答した児童の割合

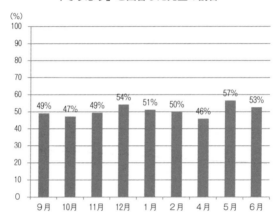

「私は算数の授業が好きである」に対して
「そう思う」と回答した児童の割合

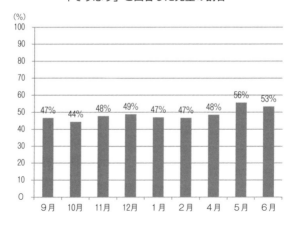

「算数が楽しい」と回答する児童の割合は，46〜57％の間で推移しており，平均すると約50.7％となります。月による大きな差はありません。「どちらかというと楽しい」と回答した児童の平均は約28.3％であり，両者を合わせると，平均は約79％となり，多くの児童が算数の授業に対して楽しさを感じていると言えます。

　「算数が好きである」と回答する児童は，44〜56％の間で推移しており，平均すると約48.8％となります。こちらも月による大きな変化がありません。なお，「どちらかというと好きである」と回答した児童の平均は約27.4％であり，両者を合わせると，平均は約76.2％となり，多くの児童が算数の授業を好意的に捉えていると言えます。

　このように，月が変わり学習内容が変わっても，年度が変わり指導教師や学級のメンバーが変わっても，割合に大きな変化はなく，半数程度の割合で「算数を楽しい」「算数が好き」と感じており，「どちらかいうとそうである」と回答する割合を合わせると継続して高い数値になりました。このことから，本書で示している協同解決型の授業の理論と指導方法は，算数の学習意識や学習意欲によい効果をもたらしていると言えます。

　なお，本項では，協同解決型の授業の実施時期や期間が異なるため，6月から継続してグループ学習と全体交流を実施している3つの学年について算数の学習に対する意識を検証しましたが，他の学年についても，アンケート結果はこれらのデータと大差はありませんでした。

2
算数の学力の検証

　A小学校では，協同解決型の授業を行う前（2017年度）と後（2018年度）について，同一集団の児童の算数の学力の変化を，標準学力検査結果から分析しました。本項では，その検査結果を基に，学力の状況を検証します。

(1) 調査方法等

調査問題

　標準学力検査教研式 CRT（算数）（図書文化社）

調査学年

　学習の意識調査と同じ児童集団を対象とする。

比較対象児童（同一集団で年度をまたぐ）	検査実施数
2017年度2年時と2018年度3年時	126名と125名
2017年度3年時と2018年度4年時	123名と123名
2017年度4年時と2018年度5年時	108名と109名

※転入出や欠席のため人数が異なる

　上表で示した児童は，2018年6月から継続的にグループ学習と全体交流を取り入れた授業を行っている。

調査方法

　2018年1月実施の検査結果（協同解決型の授業実施前）と，2019年1月実施の検査結果（協同解決型の授業実施後）を比較する。

比較方法

　全国比＝学年得点率／全国得点率×100を求め，得点率の全国比を比較する。（得点率＝正答数／満点数×100）

(2) 調査の結果

①学年別に見た得点率の伸び

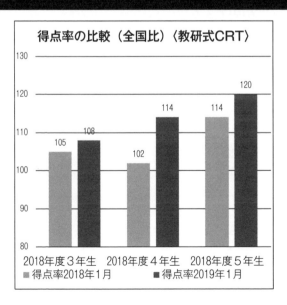

得点率の比較（全国比）〈教研式CRT〉

グラフは得点率（全国比）について，学年別に前年度の結果と比較しています。

　グラフが示すように，3学年とも協同解決型の授業を行う前より，実施後の方が得点率（全国比）は高く，学力を向上させたことがわかります。

　なお，上記の学年以外の学年（2018年度2年生，2018年度6年生）についても，得点率（全国比）は向上していました（ここでは，協同解決型の授業の実施時期や実施期間が異なるために検証データとして提示していません）。

②思考面の伸び

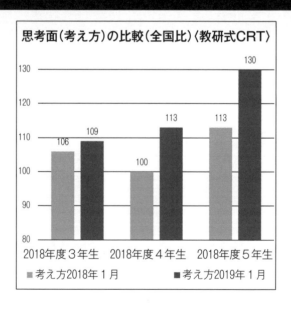

思考面（考え方）の比較（全国比）〈教研式CRT〉

観点別について見ると，思考面（考え方）が大きく向上しており，本書で示している協同解決型の授業の理論と指導方法は，子どもの思考面（考え方）を伸ばすことに効果があると考えられます。

　また，特に，４年生と５年生が大きく伸びています。４年生や５年生では学習内容が多様な考え・解法を扱うようになります。本書が示すグループ学習と全体交流では，多様な考え・解法を理解し，比較検討する話し合いを行います。そのことが児童の思考面（考え方）を伸ばすことにつながったと考えられます。

　また，ここではデータを示しませんが，関心・意欲・態度，知識・理解，技能といった観点についても，３学年ともほぼ向上しました。５年生の関心・意欲・態度が前年度と同じであり，知識・理解面がわずかに前年度を下回る程度でした。

　なお，上記以外の学年（2018年度２年生，2018年度６年生）は，協同解決型の授業の実施時期や実施期間が異なるために検証データとして提示していませんが，どの学年も思考面（考え方）は向上していました。

　第３章１，２で示した学習意識アンケートの調査と標準学力検査の結果から，本書で示すグループ学習と全体交流を取り入れた協同解決型の授業を継続して行っている児童は，協同的な学習に対する意識を向上させ，グループ学習

第３章　学習に対する意識と学力の検証

や全体交流で話し合うことの価値を認め，効果やよさを実感するとともに，学力（特に思考面）を向上させたことがわかりました。

第2部 実践編

第1章
ペア学習を
生かした
1学年の授業事例

1

1年生の
指導のポイント

ペア学習

　1年生や2年生は，自分が思ったことを相手に伝えたい
気持ちが強い時期です。反面，相手にわかるように話すこ
とが不十分であったり，相手の話した内容を正しく理解す
ることが不十分であったりします。このような発達段階で
は，情報量が多くなる4人グループより2人ペアで相手の
数を減らし，対話量を増やすようにするとよいでしょう。

ペア学習の改善

　ペア学習では，相手の意見を正しく理解し，自分の考え
と比べながら聞くようにしたいものです。相手の意見を聞
く中で，その考えが正しいのか，間違っているのかに気づ
いたり，お互いの考えの共通点や相違点に気づいたりする
ようにします。

　しかし，1年生2年生では，相手に一方的に伝えるだけ
になってしまう場合が多いものです。これは，発達段階に
よるものですが，この状況を改善する方法として，対話の
仕方を工夫します。話すことを短く切りながら，第2章図
表6「かかわり合いを生む話し方」で示した「確認」「問
いかけ」「呼びかけ，巻き込み」といった方法を用いて，

相手の反応を引き出し，自然と相手と対話が生まれるようにします。その方法を「ペア対話法」と呼ぶことにし，紹介します。

(1) ペア対話法

話す側

・長く話すのではなく，短く切り，相手に確認をとりながら話す。

・「〜ですよね？」と確認をとり，相手の反応を見る。（確認）

・「わかった？」「言える？」「どうですか？」と相手に問いかけ，相手の反応を見る。（問いかけ）

・「〜となりますよね？　後を続けて言ってください」と相手に話をさせる。（呼びかけ，巻き込み）

聞く側

・相手を見て（アイコンタクト）うなずいたり，返事（反応）をしたりしながら聞く。（対人関係スキル）

・「…ですよね？」と言われたら，「はい」「そうだね」と反応したり，「…になります」と復唱したりする。

・「どうですか？」と問いかけられたら，「そうだね」「いいです」「私は違う」などと反応する。

ペア対話の例　AとB

A　わかった？　言える？

B　言えるよ。

A　どうぞ。(または，私から言うね)

B　…までは，…になりますよね？　(切りながら話す。確認をとる)

A　そうだね。…になっているね。(肯定的な聞き方)

B　次に，…になりますよね？　(切りながら話す。確認をとる)

A　よくわからないから，もう1回言ってください。

B　…まではわかりますか？　(問いかけ)

A　(うなずき)はい。

B　次に，…になりますよね？　だから，答えは…となります。わかった？

A　僕と答えが違う。

A　次に，僕が言うね。(自然と交代するとよい)

B　どうぞ。

A　…までは，…でいいですよね？　(切りながら話す。確認をとる)

B　そうだね。…になるね。(復唱)

A　…まではBさんと同じだけれど，…だから，答えは…となります。わかりましたか？

B　あっ，そうか。

ペア対話法を用いることで，話す側は，相手の反応を見て，自分が言ったことを相手が理解しているか確認しながら話すようになります。聞く側は，相手の言ったことに，うなずき，返事，復唱などの反応をしつつ，自分の考えと比べながら聞くようになります。話す側が短く切りながら話すので，聞く側も相手の話を徐々に理解することができ，「僕も同じだよ」「私は違うよ」「どうして…と考えたの？」等と反応しやすくなります。

(2) 協同的なペア学習にする方法

ペア学習の場面は，答えや操作などを「ペアで確認し合う場面」と「ペアで話し合う場面」があります。それぞれの場合で協同的な活動となるよう次の方法を用います。また，全体交流の中で「ペアで発表する場面」もあります。

ペアで確認し合う場面

解答，図，数図ブロックの操作などを相手に見せ，ペア対話法を用いて，「合っているよ」「違うよ」などと言って確認します。2人とも確認できたら2人で挙手をします。

ペアで話し合う場面

ペア対話法を用いて，考えを伝え合い，聞き合います。数図ブロックなどを用いて操作活動をする場合も，操作を

しながら対話します。話し合いが終わったら，2人で挙手
をします。

ペアで発表する場面
　全体交流では，ペアで交代して説明したり，片方が説明
したら，もう片方はつけ足し意見を言ったり，別の考え・
解法を言ったりします。

102

2
授業事例
「繰り下がりのあるひき算」
（第2時）

（1）授業のねらいと概要

　前時（第1時）に13－9について，数図ブロックを使って，減加法によって求める学習を行いました。本時（第2時）は，12－7の場面について，数図ブロックを使いながら減加法による仕方を言葉でまとめることがねらいです。

　授業の流れは，減加法の計算の仕方を数図ブロックで操作しながら，ペア対話法を用いて説明し合った後，全体交流では，ペアで前に出て，大型数図ブロックを用いて計算の仕方を説明し，よりよい説明となるよう話し合います。

問題

> あめが12個あります。7個食べました。
> 何個残っていますか。
>
>

授業展開

1	問題把握	場面絵を見て気づきを言い，問題をつくる。
2	課題設定	教師と子どもがやりとりしながら設定する。「計算の仕方を説明しよう」
3	自分の考えをもつ	ひき算の式になることを全体で確認し，12－7の計算の仕方（減加法）を，数図ブロックを操作しながら説明する。
4	ペア学習	数図ブロックを操作しながら，ペア対話法を用いて12－7の計算の仕方を説明し合い，計算の仕方（減加法）を確認して，理解を深める。
5	全体交流	ペアで前に出て，数図ブロックを用いて計算の仕方を説明する。減加法による計算を確認し，よりよい表現で説明できるよう話し合う。

授業のポイント

　ペア対話法を用いて，「相手は自分が行った操作や計算の説明と同じか，異なっているか」という視点で比べて聞き合い，12－7の計算の仕方（減加法）を確認し，減加法についての理解を深めます。

(2) ペア学習の実際

ペア対話法により考えを修正する

　A男とB女がペア学習に取り組みました（以下A，Bとする）。本時では，12－7の計算の仕方を減加法で説明できることがねらいです。前時の学習で，10のまとまりから取り去るという減加法の考えを学んでいます。ペア学習の前に，一人ひとりで数図ブロックを使って12－7の計算を説明しました。そこでは，Aは数えひきをしており，Bは減加法をしており，異なっていました。

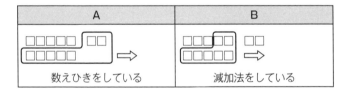

A	B
数えひきをしている	減加法をしている

　ペア学習では，はじめにAが説明し，次にBが説明しました。2人の対話は次の授業記録のようになりました。

AとBのペア学習の授業記録

A1　ブロックが12個あるよね。 B1　（うなずく）うん，あるね。 A2　<u>数図ブロックの中（12個）から，</u> 　　　<u>7個とるよね？</u>	

B2　なんで7個とるの？	B2では，Bは12個か
A3　（しばらく考えた後で）5にする	ら7個数えひくのはお
からだよ。	かしいと思い，「なん
B3　なぜ5にするの？	で7個とるの？」と質
A4　（しばらく考えた後で）5にする	問した。
から。	
B4　続けて。	
A5　12個のブロックがあるよね？	
B5　（うなずく）	
A6　その中から7個とるよね？	
B6　（うなずく）	
（Aは12個から7個とる（数えひき）。そ	
の操作をBは見ている）	
A7　5個とったよね？	A7で，Aが確認をと
B7　7個じゃないの？	る言い方をしたことで，
A8　間違えた。	B7で，BがAの言い
A9　余ったブロックは5個だよね？	間違いを指摘した。そ
B8　うん。	の指摘を受けA8のよ
A10　だから答えは5だよ。わかった？	うにAは間違いに気づ
B9　うーん，わかりづらい。	いた。
A11　じゃあ，もう1回やるね。	A10で「わかった？」
B10　うん。	と聞かれ，Bは自分の
（Aは同じ操作を行う）	考えと違うので，B9
B11　私も，やってみるね。	で「わかりづらい」と
（交代し，BがAに説明する）	言った。Aは「わかり
B12　まず，12個あるよね？	づらい」という反応を
A12　（うなずく）12個あるね。	受けて，A11のように
B13　それで，10のまとまりから，7個	もう1回説明をした。
とるよね？	

（Bは10個から7個とる）

A13 （10のまとまりから7個とる様子
　　　を見ながら）うん，7個とるよね。

（Bはとった数が7個かどうか数える。
Aはその様子を見ている）

B14　それで，3（10個とって残った
　　　3）と2をあわせて5。わかっ
　　　た？

A14　うん，わかった。

A13では，Aは，「7
個とる」と復唱しなが
ら，Bの操作を見て，
前時に行った10のまと
まりからとる減加法を
思い出した。

（教師は，Aに対して「Bさんの説明を聞いてどう思った？　も
う1回やり方をBさんに説明してごらん」と指示をする）

A15　ブロックが12個あるよね？

B15　（うなずく）うん，そうだね。12
　　　個あるね。

A16　12－7だから，ブロックの中から，
　　　…10のまとまりから7個とるよ
　　　ね？

B16　（うなずく）うん。

（Aは10個から7個とる。その様子をB
は見ている）

A17　2個のブロックと隣のブロック
　　　（10個から7個とった3個）とあ
　　　わせると5になるから，答えは5
　　　だよ。わかった？

B17　うん，わかった。

A16では，Aは「7個
とる」と言おうとして，
途中で考え直し，「10
のまとまりから7個と
る」と言った。Aは数
えひきから減加法に考
えを変えたことがわか
る。

A16，A17で，Aは減
加法で正しく説明した。

ペア対話法で思考を深める

　ペア対話法では，話すことを短く切り，

　「〜ですよね？」

　「〜まではいい？」

と確認を取りながら話します。

　そのことで，相手がする説明の途中で，誤りがあれば気
づき，それを指摘することができます。指摘を受けて，説
明する側は修正することができます。

　A7とB7に注目してください。

　A7ではAはBに，

　「5個とったよね？」

と確認をとる言い方をしたところ，BはB7のように，

　「7個じゃないの？」

と言い返しました。

　それを聞いてAはA8のように，

「間違えた」
と自分の言い間違えに気づきました。

　これはＡ７のように確認をとる言い方をしたので，Ｂが間違いを指摘することができたのです。もし，確認をとる言い方をしていなかったら，Ｂは間違いを指摘することがなかったかもしれません。

　すると，操作ではＡは７個とっているのに，説明では「５個とる」と言っているため，Ｂは混乱してしまいます。おかしいなと思いながら，Ａが
「答えが５になる」
と言うと，Ｂは，
「いいです」
と答えてしまうことがあります。これは，相手の説明を正しく理解したことにはなりません。

　次に，Ａ２とＢ２に注目してください。
　Ａ２では，Ａは，12個の数図ブロック全体を指しながら，
「７個とるよね？」
と言っています。
　その言葉を聞いて，ＢはＢ２のように，
「なんで７個とるの？」
と質問しています。
　ここでも，Ａが，短く切りながら確認をとる言い方をしたので，Ｂは，Ａが自分の考え（10から７をとる）とは違うから，自然と「なんで」と質問の言葉が出ました。「な

んで？」と言われて，Aはゆさぶられ，さらにB9のように「わかりづらい」と言われたことで，自分の仕方（数えひき）を考え直すきっかけになりました。このことが，A16のように，数えひきで求めていたことを修正し，減加法の考えで説明できることにつながりました。

　また，減加法の考えに気づいたのには，Aが，B13の説明を聞きながらBがする操作（10から7とる）を見て，A13のように，

　「7個とるよね」

と肯定的に復唱したことも要因があります。相手の意見を，肯定的に聞くことや復唱することで，相手の考えを理解しようとする姿勢が生まれるからです。

　この事例のように，ペア対話法を用いることで，かかわり合いが生まれ，相手の説明を自分の考えと比べながら聞き，正しく理解し，思考が深まることがわかります。

第2部 実践編

第2章
グループ学習を
生かした
2学年の授業事例

1

2年生の
指導のポイント

　2年生の前半では，1年生同様，ペア学習で自分が考えたことを相手に正しく伝えたり，相手の考えを聞いて理解したりして，思考を深めていくようにします。2年生の後半になって，ペア学習に慣れ，相手の意見をよく聞いたうえで自分が考えたことを話すようになってから，だんだんとグループ学習を取り入れるとよいでしょう。

(1) グループ学習の初期指導

　2年生は，グループ学習の入門期として，次の点を指導するようにします。

対話の仕方や対人関係スキル

　「確認」「問いかけ」「呼びかけ・巻き込み」といった話し方や，うなずき，返事，アイコンタクトといった対人関係スキルを，ペアからグループのメンバーに対して，発揮させるよう指導します。

ホワイトボードの活用の基礎

　グループ学習を取り入れる際に，ホワイトボードの活用

について指導する必要があります。ホワイトボードの書き方については，先述の内容を丁寧に指導します。その際，全員がホワイトボードに書きながら，話し合っている様子を実際の授業 VTR で見せると効果があります。

授業の流れ

授業の流れを子どもたちに把握させる必要があります。子どもたちが，どのように授業が進んでいくかをわかっていると，主体的に取り組む意識が育ちます。そこで，右のような内容の掲示物を教室に貼り出しておくのはよい方法です。

授業の流れの例
①問題を見て気づきを言おう
②学習課題をつくろう
③見通しをもとう
④グループで話し合おう
⑤全体で話し合おう
⑥まとめよう
⑦ふりかえろう
⑧確かめよう

(2) グループ学習

2年生のグループ学習では，どちらの解答が正しいかといった解答の相違についての話し合いや，わからない子に説明する活動が中心になってきます。この点を踏まえ，2年生のペアやグループ学習では，次のことを目標に取り組

むようにします。

　　・ペアまたはグループのメンバーに考えを伝え，相手の
　　　考えを正しく聞き，自分の考えと比べて理解する。
　　・ペアまたはグループで話し合い，誤答を修正したり，
　　　よりよい考え・解法を求めたりする。
　　・ペアまたはグループのメンバーの中でわからない子が
　　　いたら，理解できるように説明する。

　なお，２年生の初期では書くことに慣れておらず時間が
かかります。そこで，自分の考えをもつ活動では，かくこ
とに慣れてくるまでは，しゃべらずに一人で考えるように
するとよいでしょう。また，２年生では，プロセス３「話
し合いの進め方を相談する活動」は難しいので，プロセス
２から，プロセス４に進むようにします。

(3) 全体交流

　２年生の段階では，ホワイトボードを一斉に提示すると，
情報量が多いため，理解することが難しいと考えられます。
そこで，全体交流の初期では，提示するホワイトボードを
教師が意図的に選んで，かかわりをもたせながら話し合い
を進めるようにします。話し合いに慣れてきたら，ホワイ
トボードを一斉に提示するとよいでしょう。

2

授業事例
「10000までの数」
(第1時)

(1) 授業のねらいと概要

　2年「10000までの数」の第1時は，教科書の場面絵（木の実が2923個ある絵）で示された木の実の数を数える活動を通して，10000までの数について，1000のまとまりをつくって1000を超える数を数えたり，1000を超える数の表し方や仕組みを考えたりすることがねらいです。

問題

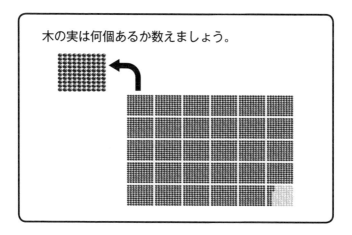

木の実は何個あるか数えましょう。

授業の流れ

1	問題把握	場面絵を見せて，気づきを自由に言わせる。その中で，木の実が何個あるかを予想させたり，木の実の並び方に着目させたりして，数え方について見通しをもたせる。
2	課題設定	子どもの発言で学習課題を設定する。「1000を超える数を調べよう」
3	自分の考えをもつ	木の実が何個あるかを考える。
4	グループ学習	木の実は何個になるか，どう数えたかを話し合い，ホワイトボードに木の実の個数と考え方を書く。
5	全体交流	全グループのホワイトボードを貼り出し，木の実の個数を確認し，どう数えたか（考えたか）を比べ，話し合う。

授業のポイント

　教師が「木の実の数を調べよう（数えよう）」と投げかけて，課題を提示するのではなく，木の実がたくさん書かれている場面絵を見せて，気づいたことを言わせるようにします。気づきを言わせる中で，木の実が100のまとまりで並べられていることや，100のまとまりが29個あることなどに気づかせて，木の実の個数はいくつか，その数をどう表すかについて見通しをもたせるようにします。

(2) 授業の実際

①問題把握，見通し，課題の設定

気づきから見通しへ

　教師は黒板に場面絵を示し，子どもに気づきを発表させました。すると，下の授業記録のように，木の実の個数に関する意見が出され，子どもたちは今日の勉強のめあて（学習課題）を何にするか話し合いました。

問題把握，見通し，課題設定の場面の授業記録

T	絵を見て気づいたことを言ってください。
C	たくさんある。
C	10個が10個ある。
T	グループで気づいたことを言ってください。

（30秒程度グループ相談をする）

C1	木の実は同じ数が並んでいます。
C2	C1さんにつなげて，同じ束（まとまり）の木の実が24個あります。
C3	<u>C2さんと違って24個ではなく，29個あります。</u>
T	木の実は多いね。どれくらいありますか？
C	100は超えてる。
C	1000も超えてるよ。
T	今日のめあては何にしますか？　グループで相談

してください。

C4　「1000を超える数を考えよう」はどうですか？

C5　C4さんにつけ足して「1000を超える数を知ろう」です。

C6　100と1000は習ったので，次は10000だと思う。

C　1000は習ってないよ。

C　違うよ，1000は習ったよ。

C7　「1000を超える数を調べよう」はどうですか？

　上の授業記録からわかるように，子どもたちは木の実がかかれている場面絵を見て，木の実はたくさんあり，それがいくつあるのか調べてみたいという気持ちをもつことができました。

　また，C3のように，100のまとまりが29個あることに気づき，木の実の個数は1000を超えているという見通しをもった子もいます。

　こうした様子を見て，教師が子どもに本時のめあて（学習課題）を考えさせ，子どもが「1000を超える数を調べよう」という学習課題を設定することができました。

②グループ学習

メンバーを巻き込みながら話し合う

　1班のメンバーはA男，B男，D女の3名です（以下，A，B，Dとする）。

グループ学習を行う前に，木の実は何個あるか自分の考えをノートに書かせました。そこでは，Aは場面絵で示されている木の実の個数は2923であり，どうして2923と表すことができるのかも理解しており，B，Dは，2000までは数えることができるが，残りの個数（923）をどう表すのかわからない状況でした。

　この状況から1班は下の記録のように話し合いました。

A1　（場面絵で，100のまとまりを囲みながら，）まずは，10が10個で100ですよね？（B，Dの顔を見る）	AはA1～A3のように，「…ですよね？」と確認をとる話し方や相手とアイコンタクトをとっている。
（B，Dはうなずく）	
A2　次に100のまとまりが，1つ，2つ，…9つ，10ありますよね？（まとまりをペンで囲みながら数える）	B，Dは「うなずき」「返事」といった対人関係スキルを発揮している。
（B，Dはうなずく）	
A3　そして，1000になりますよね。	Aは，A2～A4のように，一人で長く話すのではなく，切りながら，確認をとりながら話している。
（B，Dはうなずく）	
A4　そして，もう1回言って，1つ，2つ，3つ…9つ，10で，また1000がきて，2000になりますよね？　ここまではいいですか？	
（B，Dはうなずく）	
A5　Bさん，この後をつなげて言ってください。	A5では，Aは「つなげて言ってください」

119

第2章　グループ学習を生かした2学年の授業事例

B 1　Aさんにつなげて，あと100，100，
　　…100（100のまとまりを9個数え
　　る）で，あと…，あれ，いくつ？

D 1　（23個の木の実を指しながら）23
　　個。

B 2　23個で，う～ん…，1000たす1000
　　は200ですよね？

A，D（つぶやき）あれ？

B 3　そうだ，2000ですよね。

（A，Dはうなずく）

B 4　そこで，あまった100，200，…
　　900。そこで，900と，ここが23個
　　だから。ここの2000たす…，えー
　　と，う～ん…

D 2　ここ。（900と23になる部分をペン
　　で囲んでBを助けて言わせようと
　　する）

A 6　ここからここは（923の部分を指
　　して），1000ありませんよね？
　　Bさんわかりますか？

B 5　（うなずく）はい。

A 7　だから，残りの900と23をたして，
　　923。2000とたして2923となりま
　　す。わかりますか？

B 6　あ～っ！（うなずく）

D 3　（うなずく）

A 8　Bさん，Dさん言ってみて。

（以下，B，Dが説明する）

と相手に発言の機会を
与えた。

Dは発言は少なかった
が，返事やアイコンタ
クトで対話に参加し，
D 1やD 2ではBが説
明に困ると，図を指し
示して助けた。

A 6，A 7では，Aは
Bが2000と900と23を
合わせることにつまず
いていることがわかり，
その点をBに説明して
いる。

　授業記録からわかるように，「〜ですよね？」と相手に
確認をとりながら話したり，アイコンタクトをとったり，
聞く方もうなずきや返事をしたりして，自然な形で対話が
生まれ，BとDはAの説明を聞きながら理解を深めていき
ました。また，B2のように間違った意見を言った場合も，
Bが確認をとる話し方をしたことで，聞いていたAとDか
ら「あれ？」という反応が返ってきて，Bが自分の誤りに
気づくことができました。

　またA5では，Aははじめに自分が説明し，その後「B
さん，この後をつなげて言ってください」と，「呼びか
け・巻き込み」をして，わからないでいたBに，続きを説
明するように促し，Bを巻き込みながら話し合いを進めま
した。Aは，Bに説明をさせてみて，うまく説明できなか
ったら，Bを支援しようと考えました。A5を受け，Bは
自分の言葉で説明をして，自分が理解している箇所
（2000）はどこで，うまく言えない箇所（923）はどこであ
るかを捉えることができました。B4のように，うまく言
えない状況を見て，AはA6，A7のようにBがわかるよ

う筋道立てて説明しました。このように「呼びかけ・巻き込み」という対話の方法は，かかわり合いを生み，メンバーの思考を深めることがわかります。

③全体交流

比べながら聞き，理解を深める

この事例は2月中旬の授業で，全体での話し合いに慣れてきていると教師が判断し，ホワイトボードを一斉に提示させ，自分のグループの考えと比べさせて話し合うようにしました。全体交流では，問題の場面絵で示された木の実の個数について，それぞれのグループの考えを知り，自分のグループの考えと比較する話し合いをしました。

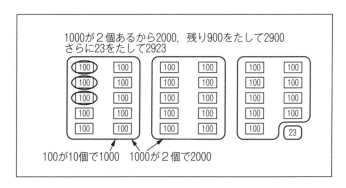

グループ（班）は7つあり，5つの班のホワイトボードには上図のように100のまとまりを囲み，1000のまとまりをつくり2900とし，23をたしている考えが書かれていました。残り2つの班はまとまりを囲んでいますが，最後に

2923と答えが書かれていませんでした。

　子どもたちは，貼り出されたホワイトボードを見て，自分のグループと同じ答えになっているか，同じように考えているグループはどれかを読み取りました。次に，教師が，子どもとやりとりをしながら，答えが2923と書かれているグループと，書かれていないグループに分類しました。その後，次の授業記録のように話し合いました。

T　　どのグループの考えを聞いてみたいですか。どれを聞いたらわかりそうですか。

C　　２班が詳しく書いてあるから聞きたい。

T　　それでは，２班さんが説明してください。

（２班が前に出て，a→b→cの順にリレー説明をする）

a　　縦に（100のまとまりが）５個あって，横に６個あって，ここ（23）は100個ありません。

b　　ここ（23の箇所）は使わないで，100のまとまりだけ数えます。

c　　<u>100のまとまりで数えると100，200，300…1000，1100，1200…2000，2100，2200…2900となります。</u>ここまでいいですか？

C　　はい。

c　　そして，100のまとまりでない数（23）をたして，木の実の数を数えます。

T　　木の実はいくつになったの？

c　　2923です。

C　いいです。賛成です。

C　2班につけ足しがあります。詳しく言えます。

T　3班さんどうぞ。

（3班が前に出て，d→e→f→gの順に説明する）

d　私たちは2班と数え方が違って，まず，ここに（fが指示棒で指す）100のまとまりが10個ありますよね？

C　はい。

d　100が10個で1000なので，ここは1000になります。ここ（fが指示棒で指す）も100のまとまりが10個あるので1000になります。ここまでいいですか？

C　はい。

e　それで1000が2つなので，2000になります。100の位は，100のまとまりが9個あるので，900になります。

（指示棒を持つ子がfからgに交代する）

f　ここだけ（923の箇所をgが指示棒で指す）1000にならないわけを言うと，100が10個で1000になりますが，ここは9個なので，ここは千の位としないで，百の位としました。

g　全部の数は，1000の数と1000の数ではないところを合わせると，2923という1000を超える数になります。どうですか？

C　いいです。

h　つけ足しが言えます。

f　hさんどうぞ。（子どもによる指名）

h　3班につけ足しで，どこがつけ足しかというと，1000が2個で2000，100が9個で900となりますよね。

C　はい。

h　<u>あとここ（23の箇所を指示棒で指しながら）は，10が2個で，1は3個あります。位を全部ならべると2923になります。</u>

C　おおー，わかりやすい。

　全体交流では，2班はメンバー全員でつなげながら，100のまとまりと100のまとまりになっていない箇所を区別して，100のまとまりの個数（29個）を数え，100のまとまりになっていない箇所の個数（23）をたすという考えを説明することができました。

　3班は，その説明を自分たちの考えと比べて聞き，異な

っている点をつけ足しとして説明しました。そこでは，1000のまとまりに目をつけて，千の位はいくつになり，百の位はいくつになるか，位に着目して説明することができました。

　さらに，ｈは３班の位に着目した説明を理解し，千，百，十，一と位に着目して明確に説明することができました。

　このように，２年生ではありますが，全体交流において，他のグループの考え・解法を知り，自分たちのグループの考え・解法と比べて理解することで，数の見方を深めることができました。

126

第2部 実践編

第3章
グループ学習を
生かした
3学年の授業事例

1
3年生の
指導のポイント

　グループ学習を本格的に行うのは3年生からになります。3年生は，仲間意識がだんだんと育ち，他者とかかわりながら学ぼうとする意識も育ってきます。思考も具体的事象について論理的に考える段階に移行していきます。活発になる反面，自分の考えを主張しすぎてしまう場合もあります。こうした3年生の段階では，授業の中で，級友と協同して取り組む意識を育てる必要があります。

128

(1) グループ学習

　グループ学習に取り組むにあたり，スキルやグループ学習のルール，ホワイトボードの扱いや書き方，授業の進め方といった，学び方に関する基礎を丁寧に指導します。

　3年生のグループ学習では，多様な考え・解法を出し合い，考え方を比較検討する場合はあまりなく，解答の比較（正答か誤答）や，よりよい考え方や数学的表現に高める活動が主になります。この点を踏まえ，グループ学習では次のことを目標に取り組むようにします。

　・互いの考え・解法を説明し合い，自分の考えと比較し

て聞き，理解を深める。
・互いの考え・解法を比較して話し合い，誤答を修正したり，よりよい考え・解法にしたりする。
・わからない子が理解できるように説明する。

　なお，グループ学習のプロセス3では，グループのメンバーの考え・解法の状況に応じて話し合いの進め方を相談しますが，これは3年生初期では難しいので，協同的なグループワークがだんだんできるようになってきた段階で，取り組ませるようにした方がよいでしょう。

(2) 全体交流

　3年生の全体交流では，ホワイトボードを黒板に一斉に貼り出し，自分のグループがまとめた考え・解法と比較して読み取らせるようにします。そのうえで，教師がリードしながら，ホワイトボードに書かれている内容を分類整理する活動を取り入れていきます。3年生の学習内容では，多様な考え・解法がでて，比較検討する場合は少なく，解答の比較（正答か誤答か）や，よりよい考え・解法をしているグループの説明を聞いて理解したり，話し合ってよりよくしたりする場合が主になります。なお，全体交流のプロセス3「話し合う内容，話し合いの進め方を確認する」活動は子どもとやりとりしながら教師がリードするとよいでしょう。

2

授業事例
「分数」
(第1時)

(1) 授業のねらいと概要

　本時では，1mを超える紙テープの長さを扱い，1mを単位にして，はしたの長さの表し方を考え，単位分数について理解することがねらいです。しかし，はしたの長さはcmで表すことができるので，子どもはわざわざ分数で表す必要性を感じないという指導の難しさがあります。そこで，紹介する事例では，問題として，cmを用いないではしたの長さを表さなくてはならないという問題場面を設定しました。

問題

　ある惑星に住む友だちが赤，黄，青色の紙テープで飾りをつくります。しかしテープの長さをどれだけにしたらいいのか困って，惑星から君たちに電話で聞いてきました。赤，黄，青色のテープの長さをどのように伝えたらいいでしょうか。

　この惑星に住む友だちは，長さの単位はmしか知り

ません。友だちは1mのテープは持っています。

赤	████████████████████
黄	██████████████
青	███████████
1 m	⬛⬛⬛⬛⬛⬛⬛ (ピンク)

※紙テープは下の長さになっている。

赤色：1mと$\frac{1}{2}$m　黄色：1mと$\frac{1}{3}$m　青色：1mと$\frac{1}{4}$m

授業の流れ

1	問題把握	テープの長さを伝えるには，1mを超えたはしたの部分の長さを伝える必要があることを捉える。
2	課題設定	子どもの発言で学習課題を設定する。「友だちにはしたの長さを伝えよう」
3	自分の考えをもつ	1人ずつに，赤，黄，青のテープのはしたの部分を配付し，グループに1mのテープを1本配付する。はしたの長さをどう表したらいいか考えをノートに書かせる。（1分間）
4	グループ学習	グループで，互いのテープをつなげて1mのテープと比べたり，1mのテープを折り，はしたの長さと比べたりして，はしたの長さをどう表すか話し合う。
5	全体交流	はしたの長さの表し方について，グループの考えを比較検討して，よりよい表し方を話し合い，分数を使った表現でまとめる。

授業のポイント

問題場面の工夫

　問題場面は，ある惑星に住む友人に，赤，黄，青色の紙テープの長さを正しく伝えようという場面を設定します。赤，黄，青色の紙テープの長さは 1 m とはしたがあり，はしたの部分の長さは，それぞれ $\frac{1}{2}$m，$\frac{1}{3}$m，$\frac{1}{4}$m とします。その惑星では，長さの単位は m しかないという設定にします。つまり，cm の単位を使えない状況にして，1 m のテープを用いて（折ったり，切ったりして），はしたの長さを言葉で説明しなくてはならない設定にします。

教具の工夫

　一人ひとりに，はしたのテープ（$\frac{1}{2}$m，$\frac{1}{3}$m，$\frac{1}{4}$m）を配付しますが，もととなる 1 m のテープは，グループに 1 つしか配付しないようにして，グループ学習では，1 つしかない 1 m のテープをメンバーが協力して扱うようにします。子どもにとって 1 m のテープを折ってはしたの長さと比べることに気づくことは難しいものです。しかし，はしたのテープと 1 m のテープの長さを見比べている中で，メンバーの持つはしたのテープをつなぎ合わせて 1 m にならないかと考えるアイデアが出てくることを期待します。

(2) 授業の実際

①問題把握の場面

　教師が問題場面を説明すると，子どもから歓声が上がりました。教師が赤，黄，青色のテープと1mのテープ（ピンク色）を示し，下の授業記録のように，はしたの長さに着目させました。

T　赤色，黄色，青色のテープを見て気づくことはありませんか？

C1　3本とも1mより長いです。

C2　3本とも長さが違います。赤色が一番長いです。

C3　1mよりちょっと長いと言えます。

T　惑星に住む友だちに，何と言えばいいのかな？
　　1mよりちょっと長いと言えばいいのかな？

C　それじゃあ正しく長さが伝わりません。

C　ものさしで測って教えたらいいよ。

C4　㎝で言えばいいと思います。

C　ダメだよ。この惑星では㎝は知らないから。

C　えー，じゃあなんて言えばいいの？

T　惑星の友だちは1mのテープは持っているから，
　　1mより長い部分の長さ（はした）を言えばいい
　　ね。㎝は使えないんだね。それでは，はしたの部

分の長さをどう伝えたらいいのかな？

C　　困った…

　以下，めあて（学習課題）をどうするか子どもとやりとして，「友だちにはしたの長さを伝えよう」としました。

　授業記録からわかるように，子どもは問題場面で示されている条件を捉え，cmを使わずに，はしたの長さをどう表したらよいのか問題意識をもつことができました。

②グループ学習

　教師は，一人ひとりに，赤，黄，青色のテープそれぞれのはしたの部分（テープ）を配付し，グループには1mのテープ（ピンク色）を1本だけ配付し，「はしたの長さをどう表すのか，自分の考えをノートに書いてごらん（1分間）」と投げかけました。多くの子どもは困っていましたが，中には1mと赤色のはしたを重ねて比べ，「半分になる」と気づいたことをノートに書いている子がいたり，「1mの中に何個あるかを調べればいい」と考えを書いている子（後述のA）がいたりしました。このような気づきや考えをもった子どもは，グループに1人程度いました。

　グループでの話し合いになると，1班は，メンバー2人が持つ赤色のはしたを2つ並べて，1mになることから赤色のはしたの長さは「1mの半分」と言えると意見をまとめました。次に，メンバー3人分の黄色のはしたを3本並

べると1mになることから「黄色のはしたが3本で1mに
なる」という考えをまとめました。このように，グループ
に1mのテープを1本しか配付しなかったことで，メンバ
ーが持つはしたのテープをつないで1mと比べる活動が生
まれました。

　2班では，4名（A女，B男，D男，E女）のうち，A
は「1mの中に，はしたが何個はいるかを調べればよい」
と考えを書いていましたが，残り3名（B，D，E）は考
えが書けない状態でした。特に，Bはまったくわからない
状態でした。2班はこうしたわからない子が多いという状
況を踏まえて，次の授業記録のように，わからない子，特
にBへの説明を中心に話し合いが進みました。

A1　<u>みんなわかった？</u>	Aは，A1のように，まずはメンバーの状況を確認し，3名がわからない状況を踏まえてA2のように話し始めている。
B1　わからなかった。	
D1　何となくわかるけど，うまく言えない。	
E1　よくわからなかった。	
A2　じゃあ，私が言うね。	
A3　（ホワイトボードに線を書き）これが赤の長さだったら，はしたの部分が何個分かを求めれば，cmを使わなくてもできる。わかるBさん？	A3，A4のように，Aはメンバーに確認をとりながら話し，メンバーを巻き込もうとしている。
B2　（首をかしげる）わからない。	
A4　<u>Dさんわかった？　Eさんわかった？</u>	

E2　わかった。（赤のテープを持ちながら，Bに示して）1mの中に赤のテープが何個あるか調べることだね。

A5　そう。Bさん（赤のテープを持ち）これは，はしたですよね？

B3　（うなずく）うん。

D2　（うなずく）はい。

A6　ピンク色は1mでしょ？（ホワイトボードに1mの線を引く）

B4　（うなずく）うん。

A7　これが赤色のはした（ホワイトボードに赤色のはしたの線を引く）とすると，これ（赤色のはした）がここ（1mの線を指し）に何個入るか調べる。

D3　わかった。Bさんわかった？

B5　う～ん。（わからない）

（AがホワイトボードをBに渡して，図を見せて考えさせる）

E3　（ホワイトボードを指しながらBに言う）はしたが1mの中に何個あるかを考えたらいいよ。

B6　だんだんわかってきた。

A8　じゃあ，もう一回言うね。これを1mとするよ（ホワイトボードに線を引く，次に1mの線を4等分する）。この線が青色のはしたとするよ。これ（青色のはした）が1mの中に何個入ったら1mになるかを調べたら

Eは，Aの説明を聞いて理解し，今度は自分から，Bのために E3，E4のように説明している。

いいよ。Bさんわかる？

青のはした
┠─────┼─────┼─────┤
　　　1mのテープ

E4 　<u>この図で，これ（青色のはした）が</u> 　　<u>いくつある？　Bさんわかる？</u>	
B7 　うん，わかった。4個ある。	
D4 　<u>じゃあ，Bさん，自分の言葉で言っ</u> 　　<u>てみてください。</u>	D4では，Bが理解 できたか確かめよう としている。
B8 　青色のはしたが4個入る。	
A9 　そうだよ。惑星の友だちに，青色の 　　はしたが4個で1mになると言えば 　　いい。	
A10　他の色のはしたも，1mの中に何個 　　あるかを言えばいい。	
（B，D，Eはうなずく）	
以下ホワイトボードに説明をまとめる。	

137

2班では，Aしか考えをもっていませんでしたが，授業記録A1のように，Aは自分から話し始めるのではなく，はじめにメンバーに「わかった？」と聞いて，メンバーの状況を捉えるようにして，そのうえで説明を始めています。説明も一方通行で話すのではなく，A4のように，聞く子が理解できているか確認をとりながら話しています。また，AはBに説明しながら他の2名も巻き込み，4名が対話を通してだんだんとはしたの表し方を理解していきました。Aの説明を聞いて理解したEは，E3，E4のように，Aに代わってBに説明しています。また，Dは，D4のように，Bが理解できたか確かめようとしています。このように，A，D，EはBを蚊帳の外やおいてきぼりにしないようにしています。また，AやEはホワイトボードに図（線分図）をかきながらBに説明しており，ホワイトボードを思考ツールとして有効に活用しています。

③全体交流の実際

　7つのグループ（班）のホワイトボードが貼り出され，子どもたちは，それらを比較して，表現の仕方の違いに着目し，次ページの表のように，アとイに分類しました。アのように考えた班は5つあり，そのうち2つは線分図を使って説明を書いていました。イのように考えた班は2つでした。

ア　はした何個分で１ｍになる 　　かで表現する	イ　分数を用いて表現する
赤色のはしたが２個で１ｍ 黄色のはしたが３個で１ｍ 青色のはしたが４個で１ｍ 　　　　　５つの班	赤色のはしたは１ｍの$\frac{1}{2}$ 黄色のはしたは１ｍの$\frac{1}{3}$ 青色のはしたは１ｍの$\frac{1}{4}$ 　　　　　２つの班

　次に，全体で話し合うことや話し合いの進め方を教師と子どもがやりとりしながら確認し，アとイの考えをそれぞれ理解したうえで，惑星の友だちにどちらの表現で伝えたらわかりやすいかを話し合おうということになりました。話し合いは次の授業記録のようになりました。

Ｔ１　どのグループの説明を聞きたいですか？

Ｃ　自分のグループと違うイの考えをしたグループの説明を聞きたいです。６班お願いします。

（６班（Ｃ１，Ｃ２，Ｃ３，Ｃ４）が前に出て説明をする）

Ｃ１　（指示棒でテープを指し）このように，赤いテープのはしたは１ｍの２つ分で，$\frac{1}{2}$となります。どうですか？

Ｃ　賛成です。（多数）

Ｃ４　わからない人はいますか？

Ｃ５　わかりません。

Ｃ４　どこがわかりませんか？

C5 $\frac{1}{2}$というところがわかりません。

C1 赤のはしたは1mの半分ということです。C5さんどうですか？

C5 2個分の1ということ？

C1 はい。

（次にC2が黄色のテープのはしたについて説明し，C3が青色のテープのはしたについて説明する）

C わかりました。

T2 分数で表したグループの説明はわかりましたか。

C はい。

T3 それでは，もう1つの表し方をしたホワイトボードを見てみましょう。どういう表し方をしているのですか？

C6 何個分で1mになっているかを表しています。

C 賛成。（多数）

T4 赤色のテープのはしたは2個分で1mになると書いてあるね。他の色も何個で1mになるか書いてあるね。

T5 はしたには2つの表し方があることがわかりましたか？

C はい。（多数）

T6 それでは，惑星の友だちにどちらで言った方がいいのかな？ 電話をしてみましょう。私が惑星の友だちになりますよ。「もしもし，赤色のテープはどれだけの長さにしたらいいですか？」

グループでどう言うか話し合ってみてごらん。

（グループではしたをどう言うか話し合う）

T 7　C 7 さん答えてください。「もしもし，C 7 さん，赤のテープの長さはどれだけですか？」

C 7　赤のテープは，1 m と 1 m の半分です。

T 8　そうですか。わかりました。黄色のテープはどう言ったらいいのかな？　グループで相談してください。（30秒）

T 9　「もしもし，C 8 さん，黄色のテープの長さはどれだけですか？」

C 8　黄色のテープは 1 m と 1 m の 3 個分？

C 9　C 8 さんを助けます。黄色のテープは 1 m と 1 m を 3 つに分けたうちの 1 つ分です。

C　賛成です。

C　別の言い方があります。

T 10　別の言い方があるという声がありましたが，どう言ったらいいのかグループで相談してみくてださい。（30秒）

T 11　みんなで言ってみてください。

C　1 m と $\frac{1}{3}$ です。

C　1 m と 1 m の $\frac{1}{3}$ です。

T 12　今，2 つの言い方が聞こえたんだけど，1 m と $\frac{1}{3}$ なのですか？　それとも 1 m と 1 m の $\frac{1}{3}$ なのですか？　どちらでしょう。

C　1 m と 1 m の $\frac{1}{3}$ が正しい。（多数）

T13 どうして1mと$\frac{1}{3}$ではダメなんですか？

C10 何の長さの$\frac{1}{3}$なのかわからないからです。

C 賛成です。（多数）

T14 そうだね。2mの$\frac{1}{3}$なら長さが違うからね。

T15 青色テープは言えるかな。

C11 青色テープは1mと1mの$\frac{1}{4}$の長さです。

T16 1mと1mを4個に分けた1つ分というより、1mの$\frac{1}{4}$と言った方がいいのですか？

C12 短く言えるから電話でわかりやすいからです。

C13 1mと1mを4個に分けた1つ分ではダメで、1mの4つ分を同じ長さにして、その長さのうちの1つ分と言わないといけません。

C あっ、そうだ。

C14 C13さんにつけ足しをして、1mを4つに同じ長さに分けたうちの1つ分です。

T17 惑星の友だちに正しく伝えるには、そう言わないといといけないんだね。

C15 $\frac{1}{4}$と言えば、すぐに伝わります。何個分で1mという言い方だと正しく伝わらないし、長く言わないといけないから、分数で言った方がいいと思います。

C 賛成です。（多数）

（以下、教師と子どもとで本時の学習をまとめる）

　全体交流では，アとイの考えを比較検討するのに，教師
（Ｔ６）は，

　「惑星の友だちにどちらで言った方がいいのかな？」
と子どもに投げかけました。

　このことで，子どもは目の前にいない相手にはしたの長
さを言葉でうまく伝えるにはアとイのどちらの表現がよい
のかを考え，話し合うことができました。

　Ｃ12から「（１ｍの$\frac{1}{4}$の方が）短く言えるからいい」と
いう意見が出て，Ｃ15のように分数の表現の方が簡潔，明
瞭，的確であると説明することもできました。さらには，
Ｃ13のように，１ｍを４個に分けた１つ分という言い方で
は十分ではないと意見が出て，子どもたちは分数の意味を
確認することができました。

　教師はＴ６，Ｔ８，Ｔ10のように，話し合いが一部の子
どもだけにならないようグループで相談する機会をこまめ
にとり，みんなでかかわり合いながら，全体交流を進めて

いきました。このことによって，多くの子が意見を言った
り，つぶやいたりする活発な授業となりました。

第2部 実践編

第4章
グループ学習を生かした4学年の授業事例

1

4年生の
指導のポイント

　4年生は，具体的事象についての論理的思考が伸び，だんだんと抽象的な思考に移行していく時期です。また，他者とのかかわりについては，視野が広がり，相手の立場や状況を考えたり，自分と相手とを比較して考えたりする時期に移行していきます。こういった発達段階を踏まえ，4年生では，相手とかかわり合いながら，相手の考えを理解し，比較検討して思考を深め合う学習を目指します。

(1) グループ学習

　4年生では，3年生時より多様な考え方で問題を解く学習内容を扱うことが増えてきます。そこで，子どもの発達段階や学習内容を踏まえて，グループ学習において，次のことを目指すようにします。

　・話し合って，多様な考え・解法を比較検討したり，誤答を修正したり，よりよい考え・解法にしたりできる。
　・グループのメンバーの状況に応じて話し合いを進めることができる。

　4年生は，グループのメンバーの状況として，考え・解

法が異なる場合が増えてきます。さらに，誤答やわからない状態もあります。このように，メンバーの状況が複雑になってくるので，グループ学習のプロセス3が重要になります。

　また，線分図や数直線で考察したり，表やグラフをかいて考察したりする学習が増えるので，ホワイトボードにも数学的表現（式，線分図・数直線，図，表，グラフ，□・文字など）を用いて効果的に表すよう指導します。

(2) 全体交流

　4年生では，全体交流で多様な考え・解法を比較検討する機会が出てきます。そこで，全体交流のプロセス2と3の活動を大切にして，比較検討する話し合いに取り組みます。プロセス2では，全体としてどのような考え・解法があり，どのように分類・整理したらいいのか，子どもが意見を言えるようにします。プロセス3では，分類・整理された状況を踏まえて，教師がリードしながらも，どのように話し合いを進めたらよいのか意見を言えるようにします。

2
授業事例
「何倍でしょう」
（第1時）

(1) 授業のねらいと概要

　タワー，デパート，学校の高さを扱い，タワーの高さを90mとして，タワーはデパートの高さの3倍，デパートの高さは学校の2倍という関係を示し，学校の高さを求める問題です。3要素2段階の逆思考の問題となっており，「順に戻して考える方法」と「まとめて何倍になるかを考える方法」の2通りの考え方で解き，「まとめて何倍になるかを考える方法」のよさを理解することがねらいです。

　「順に戻して考える方法」はデパートの高さを求めてから学校の高さを求め，「まとめて何倍になるかを考える方法」はデパートの高さを求めることなくタワーの高さが学校の2×3倍となることから学校の高さを求めます。

　子どもにとって3つの数量の関係を扱うのは難しいことです。また，学校の高さを求めるのに「デパートの高さは学校の高さの2倍である」という問題文の表現を正しく読み取り，逆思考をしなくてはならない点にも難しさがあります。そこで，3つの数量の関係を正しく捉え，解決の見通しをもたせるよう問題提示を工夫することにします。

問題提示の工夫（条件（数値）不足にして提示する）

この問題は下のような関係図になります。

子どもは，この関係を正しく捉えて式をつくるのではなく，与えられた数値（90m，2倍，3倍）を適当に組み合わせて計算し，答えを求めようとすることがあります。そこで，数量関係に目を向けさせるために，数値を示さない（条件不足）で問題を示します。タワーの高さ90mを示さないで，学校の高さをどう求めたらよいのかを考えさせます。例えば，教師が「学校の高さを求めることができるかな？」と発問します。すると，子どもからは「求められない」という意見が出ることでしょう。さらに，「何がわかれば学校の高さを求めることができますか？」と発問します。すると，子どもは何が何の2倍，3倍になっているかを考えて，「タワーの高さがわかれば，デパートの高さがわかり，デパートの高さがわかれば学校の高さは求められる」（順に戻して考える方法），「デパートの高さがわからなくても，タワーの高さがわかればよい（6でわる）」（まとめて何倍になるかを考える方法）という解決の見通しに気づくようになります。このようにして，タワーの高さがわかれば，学校の高さを求めることができるという関係を捉えた後に，タワーの高さ90mを提示します。

問題

タワーがあります。

タワーの高さはデパートの高さ の3倍です。デパートの高さは学 校の高さの2倍です。学校の高さ は何mですか。

授業の流れ

1	問題把握 見通し	タワーの高さ（90m）を示さずに「何がわかれば学校の高さを求めることができるかな？」と発問し，タワー，デパート，学校の高さの関係に着目させ，タワーの高さがわかれば「順に戻して考える方法」と「まとめて何倍になるかを考える方法」で学校の高さを求められるという見通しをもたせる。
2	課題設定	子どもの発言で学習課題を設定する。 「学校の高さをいろいろな考え（2通り）で求めよう」
3	自分の考え をもつ	テープ図を基に2通りの方法で学校の高さを求める。
4	グループ 学習	解答と求め方について確認し，2通りの考え方を理解する話し合いをする。
5	全体交流	2通りの考え方を理解したうえで「まとめて何倍になるかを考える方法」のよさを話し合う。

授業のポイント

見通しについて全体で話し合わせる

　子どもにとって，3要素2段階の逆思考の問題を理解し，解決の見通しをもつのは難しいことです。そこで，問題の提示を工夫するのですが，それでも一人で見通しをもつことは難しいものです。そこで，「何がわかれば学校の高さを求めることができるかな？」と発問し，見通しについてグループで相談させ，全体で話し合い，見通しを共有するようにします。

様々な状況に応じて話し合いを行う

　子どもは，自分の考えをもつ場で，学校の高さをいろいろな解き方（2通り）で求めます。すると，グループ学習では，2通りの考え方で学校の高さを求めた子ども，1通りの考え方で求めた子ども，誤答を導いた子ども，わからない，途中までしかできなかった子どもと，メンバーが様々な状況で話し合いを始めることになります。これは全体交流でも同様となります。こうした様々な状況になる場合は，グループ学習，全体交流のプロセス3が重要になります。メンバーの状況（全体交流ではホワイトボードの状況）を互いに把握したうえで，話し合いの目的や話し合いの進め方を確認して，メンバーがかかわり合いながら話し合いを進めていく必要があります。

151

(2) 授業の実際

①見通しについての話し合い

　教師がタワーの高さ90mを示さずに問題を提示すると，子どもから「わからないよ」というつぶやきが出ました。その声を受け，下の授業記録のように，解決の見通しについて全体で話し合いました。

　T1　できそうですか？

　C　　わからない。（多数）

　T2　グループで相談してみてください。

　（グループで相談する）

　T3　わからないという声が出ましたがどうですか？

　C　　学校の高さは求められない。

　T4　学校の高さが求められないという声がありましたが，何がわかれば学校の高さを求めることができますか？

　C1　<u>学校の高さがわからない理由は，タワーの高さがまだわかっていないからです。</u>

　C　　賛成です。（多数）

　T5　じゃあ，タワーの高さがわかれば学校の高さを求めることができるのですか？　それはどうしてですか？

C2 タワーの高さがわかれば学校の高さがわかるのではなくて，学校の高さがわかればタワーの高さがわかるのではないですか。どうですか？

C3 C2さんと違って，<u>もし，タワーの高さがわかったら，タワー÷3の答えがデパートで，デパート÷2で学校が出ると思います。</u>

C 賛成です。

C4 わり算を2回使えば，学校の高さがわかります。

C 賛成です。

C5 つけ足しで言います。C4さんの言う2回というのは，タワー÷3で1回で，デパート÷2で2回になるということです。

C6 <u>私はわり算を2回使う方法じゃなくて，2倍と3倍をかけて6倍にして，タワー÷6で学校の高さが出ると思います。</u>

C ああ～（多くの子どもが声を上げる），賛成です。その方が簡単だ！

T6 それでは，タワーの高さだけがわかれば，学校の高さを求めることができるのですね。

C そうです。（多数）

T7 みんなで見通しを話し合ったら，やり方は2個ありましたね。C3さんが言ってくれたやり方とC6さんが言ってくれたやり方ですね。C3さんのやり方をアのやり方として，C6さんのやり方をイのやり方ということにしましょう。

153

授業記録で，Ｃ１の意見は学校とタワーの関係を捉えている意見です。Ｃ３の意見は，Ｃ２の意見に反論して，タワーの高さを基にして学校の高さを求める考え方を言っており，「順に戻して考える方法」の意見です。Ｃ３の意見に多くの子どもが「賛成です」と反応しました。このことから多くの子どもが「順に戻して考える方法」に気づいたことがわかります。Ｃ６の意見は，２倍の３倍は６倍になるという「まとめて何倍になるかを考える方法」に気づいた意見です。Ｃ６の意見を聞き，子どもから「ああ～」という歓声が上がり，「その方が簡単だ」と，まとめて考える方法のよさに気づいたつぶやきがたくさん出ました。

　このように，見通しについて全体で話し合う場を設けたことで，多くの子どもが学校の高さを求めるには２通りの方法があることに気づくことができました。

　その後，教師が「今日のめあて（学習課題）はどうしますか？」と問いかけ，子どもから「『２通りのやり方で学校の高さを求めよう』はどうですか？」という意見が出ました。「ああ，いいね」「それがいい」という声が多数上がり，学習課題は「学校の高さを２通りの方法で求めよう」となりました。この学習課題には，２通りのどちらでも解けるようにしようという子どもたちの意欲が感じられます。

②グループ学習

　６班のメンバーＡ男，Ｂ女，Ｄ女，Ｅ男は，それぞれ次

の表のように自分の考えをもちました。なお，アは「順に戻して考える方法」，イは「まとめて何倍になるかを考える方法」を指します。

A	B
2通り（ア，イ）で求める。 ①アの考え方 　90÷3＝30　30÷2＝15 　（最初30÷2＝10と書き，間違いに気づいて直す）　<u>15m</u> ②イの考え方 　2×3＝6 　90÷6＝15　<u>15m</u>	アの考え方で求めようとしたが途中になる。 　90÷3＝30 　30÷2＝? （30÷2の計算に時間がかかり，答えを出せない）

D	E
アの考え方で求める。 ①アの考え方 　バラバラ 　デパートはタワーの$\frac{1}{3}$，学校はその$\frac{1}{2}$だから， 　90÷3＝30　30÷2＝15 　　　　　　　　　　　　<u>15m</u> ②まとめて 　式がわからない	わからない。 「わり算とかけ算を使います」 （この続きを書いて消す）

　グループの話し合いが始まる前の状況は，上のように，1名（E）がわからない，1名（B）が途中まで（30÷2がわからない），1名（D）が「ア　順に戻して考える方

法」で解くことができ，1名（A）が「ア　順に戻して考える方法」と「イ　まとめて何倍になるかを考える方法」の2通りで解くことができていました。このように，4名はそれぞれ異なる解決状況でした。この状況を踏まえて，6班は次の授業記録のように話し合いを進めました。

D1	みんな見せ合いましょう。	4人が一斉に，ワークシートをグループの中央に出し，見せ合う。
D2	（Aの②の考えを指しながら）Aさん，どうやってやったの？	
B1	どうやってやったの？	ワークシートを一斉に見せ合ったことで，Aが書いた②の考え方が他の子のワークシートには書かれていないことに気づき，D2，B1のようにAに質問した。
A1	タワーはデパートの高さの3倍の3と，デパートは学校の高さの2倍の2をかけて6にして，90をわった。	
D3	それで学校は？	
A2	学校は15m。	
D4	ああ，そうか。	
D5	Bさん，答えはいくつになったの？	
B2	私は，違うやり方をしたけど答えがわからなくなった。	
D6	（Bのワークシートを見ながら）私も（Bと）同じやり方でやって，答えは15mになったよ。	D6，A3から，Bのワークシートに書かれている考え方はアの考え方であり，自分と同じ考え方をしていることをAとDは理解していることがわかる。
A3	（BとDのワークシートを見ながら）それは僕もやったやり方だよ。最初，計算ミスをしたけれど，15mになったよ。	
D7	バラバラにするやり方（アの考え	

方）と，まとめてやるやり方（イの考え方）があるね。バラバラにするやり方をだれか説明できる？

A4　できるよ。

D8　Bさん，できる？

B3　できる。私は30÷2の計算がわからなくて答えが出なかった。

D9　まとめてやる方法（イ）は，Bさん，説明できる？

B4　わからない。

D10　じゃあ，私が説明するね。

D11　タワーは90mで，デパートはその$\frac{1}{3}$になるでしょ？　ここまでわかる？

B5　うん。

D12　そのデパートの$\frac{1}{2}$が学校ということはわかる？

B6　うん。

D13　ここ（タワーのテープを3等分した箇所を指し）を半分にわけると6個になるでしょ？　つまり，タワーの$\frac{1}{6}$が学校の高さになる。

A5　ああ，そうか。そう考えれば，6を説明できるね。

D14　だから，90÷6になる。わかった？

B7　うん，わかった。

A6　僕たちの班は2通りできたね。

D15　待って，Eさんがわからない。

A7　Eさん，わかった？

D7では，Dはアの考え方が説明できるのだが，Bがアの考え方をしたことを知り，D8のようにBに説明させようとした。

Dは，A1の説明を聞いて理解し，D11，D12，D13ではBにテープ図を使って説明している。

A5では，AはDの説明を聞いて，6倍になる意味をテープ図から理解した。

D15は，Eを蚊帳の外にしないようして

E1　わからない。	いる。
A8　アのバラバラにするやり方はわかった？	
E2　途中まで考えたけれど…	
A9　じゃあ，僕が説明するね。	A9以降は，Aがア
（説明略）	とイのやり方をEに
A10　バラバラはわかった？	説明した。
E3　うん。計算を間違えてた。	
D16　じゃあ，Eさん，ホワイトボードに書いてね。	D16は，わからなかったEにホワイトボードにかく場を与え
E4　うん。	て，解けるようにし
（以下，EはA，B，Dと対話し，アとイの考えをホワイトボードに書きながら理解する）	ようとする配慮である。

　6班は，互いのワークシートを一斉に見せ合い，お互いの状況を知り，だれがどの考え方をしているのかを捉えました。D2，B1のように，イのやり方をしたのがAだけであったので，まずは，Aの説明を聞くことにしました。

次に，Ｄ6，Ａ3のように，ＡとＤは，途中までしか書けていないＢのワークシートを読み取り，Ｂはアの考え方をしていることを理解しました。このように，ワークシートを一斉に見せ合うことで，自分の解答や考え・解法と比較したり，だれとだれが同じか，だれとだれが違うのか比較したりするのに効果があります。

　Ｄは，Ａ1の説明を聞いて，テープ図を基にイの考え方を理解し，Ｄ11，Ｄ12，Ｄ13，Ｄ14のように，「確認」をとる話し方のスキルを用いて，筋道立ててＢに説明することができました。また，Ａは，ＤがＢにしている説明（Ｄ11，Ｄ12，Ｄ13）を聞いて，Ａ5のように2×3倍になる意味をテープ図から理解することができました。このように，グループでかかわり合い，説明し合うことで，メンバーの思考が深まっていくことがわかります。

　グループの話し合いでは，Ｅの発言がなく，それを察したＤがＤ15のように，Ｅを巻き込むように配慮しました。そして，Ｅがわからない状況であったので，Ａを中心に3名で，Ｅに説明し，Ｅにホワイトボードに書いて解かせるようにしました。このような協同的な進め方がなされ，6班は4名がアとイの考え方を理解できました。

③全体交流

　1班〜8班のグループがあり，8枚のホワイトボードが黒板に貼り出されました。その状況は次の表のようでした。

アとイの2通りで求めた	アだけ
1班，2班，3班，4班，6班，7班 （6つの班）	5班，8班 （2つの班）

※イだけの班はなし

　解決の見通しについて話し合いをしたことで，多くのグループが2通りの方法で解決し，ホワイトボードにまとめることができました。すべてのグループがアの考え方で学校の高さを求めることができました。5班と8班はイの考え方で求めることができませんでした。

　この状況を踏まえ，全体交流では，下の授業記録にあるように，教師と子どものやりとりによって，話し合いの進め方は，5班と8班に対して，他の班がイの考え方をよりよく説明する流れになりました。その中で，イの考え方のよさに触れることにしました。

T8　みんなのホワイトボードを見てどうですか？

C　みんな答えが同じです。

C　学校の高さは15mです。

C　みんな2通りでやっています。

C　違うよ，やってない班もあるよ。

T9　分類してみましょうか？

C　みんなアのやり方はできているよ。

C　イのやり方は，5班と8班ができていないよ。

（この後，教師と子どもがやりとりしながら，話し合い

は，イのやり方がわからない班が理解できるように話し合うことを確認した)

T10 みんなアのやり方は大丈夫ですか？

C はい。

T11 イのやり方でどの班の説明を聞いてみたいですか？

C 6班です。わかりやすそうだから。

(6班（A，B，D，E）が前に出て，リレー説明をする。しかし，6班は2×3倍の意味について十分に説明をすることができなかった)

T12 6班の説明でわかりましたか？　5班どうですか？

C よくわかりません。

T13 <u>6というのはどういう意味か説明できますか？</u>
<u>グループで相談してください。</u>

(グループで相談をする)

C7 倍の数をかけた数です。

D17 <u>学校はデパートを2個に分け</u>
<u>たもので，学校の高さを2倍</u>
<u>すると（黒板に図をかく）デ</u>
<u>パートになります。それを3</u>
<u>倍するから，2×3になり6</u>
<u>になります（2×3＝6と黒</u>
<u>板にかく）。</u>

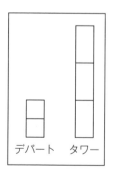

デパート　タワー

C8 D17につけ足して，（黒板に図をかき始める），こ

れくらいの高さが学校だとして，学校×2がデパートになるから，（→2倍をかきながら）これくらいの高さがデパートになります。ここまではいいですか？　そして，

タワーは，デパートの3倍なので，（→3倍をかきながら）これくらいの高さになります。学校の高さの6倍だから90mを6でわります。

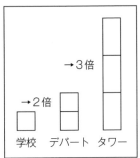

C9　DさんやC8さんの図をもっと簡単にすると（C8がかいた図にかき加えながら）デパートは学校の2倍だから，この図の中に，学校が2つあるということに

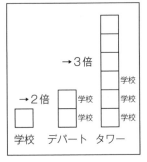

なります。そして，この図（タワー）は，デパートが3つあることになります。だから，タワーの中には，学校，学校，学校と（図にかきながら）なります。それが6だから6でわればいいです。

C　　わかりやすい！（多数）

T14　タワーの中に学校がいくつですか？

C　　6あります。

T15　2×3なのか，3×2なのか，どちらですか？

C10 学校を2×3にして，タワーになるから，順番に言うと，2×3になります。

C 賛成です。

T16 5班と8班はわかりましたか？

C （5班と8班）はい。

（以下，テープ図で確認してまとめる）

　6班の説明では，タワーの高さは学校の2×3倍となることの理解が十分ではないと感じた教師が，T13のように，グループ相談をさせ，6倍になる意味を考えさせました。

　Dは，グループ学習の場では，タワーの高さを示すテープ図を6等分して，学校の高さの6倍になることをメンバーに説明できましたが（D13），全体交流の場ではテープ図を使って説明しませんでした。しかし，その後，D17のように発言して，テープ図で考えていたことを図にして説明しました。Dがかいた図を基に，C8，C9が図にかき込みながら説明し，学校の高さとタワーの高さの関係を図から捉えることができました。このように，全体交流で意見がかかわり合い，子どもたちの理解が深まりました。

なお，イの考え方のよさについては，全体交流では十分に扱うことができませんでした。次の授業のはじめに，イの考え方のよさについて話し合い，確認しました。

第2部 実践編

第5章
グループ学習を
生かした
5学年の授業事例

1
5年生の
指導のポイント

　5年生は，抽象的な思考ができるようになり，論理的に問題を解決する能力がだんだんと育ってくる時期です。学習内容についても，例えば，三角形や平行四辺形の面積の学習のように，多様な解法を導き，それらを比較検討して，それぞれのよさを見いだしたり，よりよく解決したり，統合的・発展的に考察したりするといった活動が求められてきます。また，相手の立場や状況を理解した言動がとれるようになり，仲間意識が育つ時期でもあります。一方で学習内容が難しくなってきて，個人差も広がってきます。

　このような段階を踏まえ，5年生では，多様な考え・解法をグループ学習や全体交流の場で比較検討し，よりよく解決する過程を通して，お互いに思考を高め合う学習を目指します。また，相手の立場や状況を踏まえて協同的に取り組む姿勢や能力を伸ばすとともに，個人差が広がることから，グループ学習や全体交流の場では，わからない，つまずく子をおいてきぼりや蚊帳の外にしないようにしたり，一部の子のワンマンショーにならないようにしたりする必要があります。

(1) グループ学習

以下のことを目標に取り組むようにします。

・話し合いによって，誤答を修正したり，多様な考え・
解法を導いたり比較検討したりしてよりよく解決する。

・多様な考え・解法を，統合的・発展的に考察する。

・数学的な表現（式，線分図・数直線，図，表，グラフ，
□・文字等）を効果的に用いてホワイトボードにまと
める。

・メンバーの状況を踏まえ，わからない子や誤答の子を
肯定的に受け止め，相手の考えを引き出したり，メン
バーを巻き込んだりしながら，メンバー全員が理解で
きるよう協同的に活動を進める。

(2) 全体交流

全体交流では，自分のグループとは異なる考え・解法を
理解したり，比較検討したりする機会が増え，よりよく解
決していくための話し合いが求められます。そのためには
全体交流のプロセス3である話し合いの進め方が重要にな
ります。また，学習内容が難しくなるため，一部の子ども
の意見だけで話し合いが進むことが懸念されます。そこで
グループ相談の機会を適宜設けることが必要になります。

2

授業事例
「面積」
(第2時(直角三角形))

(1) 授業のねらいと概要

　本時の直角三角形の面積の学習では，直角三角形を長方形に倍積変形して求める方法（ア）や，長方形に等積変形して求める方法（イ，ウ）に気づき，長方形に帰着して求めることを理解することがねらいです。

　倍積変形と等積変形の考え方は，三角形，平行四辺形，台形などの面積を求める際に用いる重要な考え方となります。そこで，この授業では，それらの考え方とよさを理解することが大切になります。

ア　倍積変形

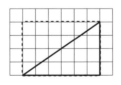

イ　等積変形（横長の長方形）

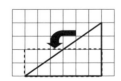

ウ　等積変形（縦長の長方形）

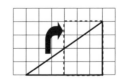

問題

> 辺の長さを調べて，直角三角形の面積を求めよう。
>
> ※問題を提示する際，最初は方眼紙にかかれたものは示さない。

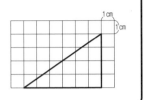

授業の流れ

1	問題把握 見通し	直角三角形（方眼紙にかかれていない）を提示し，どの辺の長さがわかれば面積を求めることができるか考えさせ，長方形の縦と横にあたる辺がわかればよいという見通しをもたせる。
2	課題設定	子どもの発言で学習課題を設定する。「辺の長さを調べて，直角三角形の面積を求め，説明しよう」
3	自分の考えをもつ	辺の長さを方眼から調べ，直角三角形の面積を様々に求める。
4	グループ学習	多様な求め方（倍積変形，等積変形）を出し合い，どういう考え方で求めたか理解し，比較検討して話し合う。
5	全体交流	多様な求め方を説明し合い，比較検討し，どういう考え方で求めたか明らかにし，統合して捉える話し合いをする。

授業のポイント
長方形に帰着する見通しをもたせる

　最初から方眼紙にかいた直角三角形を提示すると，$1\,cm^2$の正方形の個数を数えて面積を求める子がでることが予想されます。これは間違いではありませんが，本時では，倍積変形，等積変形に気づいて面積を求め，それらの考え方のよさを理解することがねらいなので，「長方形に帰着したら求めることができそうだ」という見通しをもたせるようにします。

　そこで，問題提示の場面で，方眼紙にかいた図を示さず，さらに，辺の長さも示さないで，直角三角形を提示します。そして，「どこの辺の長さがわかれば面積を求めることができるかな？」と発問し，面積を求めるために必要な辺を考えさせ，面積の求め方の見通しをもたせます。これは4年生で示した事例同様，条件不足で問題を提示する方法です。

多様な考え・解法を比較検討し統合的に捉えさせる

　グループ学習では，メンバーから，ア（倍積変形），イ（横長の長方形に等積），ウ（縦長の長方形に等積）の解法が出てくることが予想されます。グループで，ア，イ，ウそれぞれの考え方を理解し，考え方の相違点や共通点について話し合わせるようにします。そうして，イとウは同じ考え方であると統合して捉え，まとめるようにします。

(2) 授業の実際

①見通しについての話し合い

　教師が直角三角形（方眼紙にかかれていない）を提示し「どこの辺の長さがわかれば面積を求めることができそうですか？」と問いかけ，グループで相談させました。

　子どもから，「ここ（底辺）とここ（高さ）の長さがわかれば面積を求めることができる」という意見が出され，多くの子どもが賛成し，さらに「長方形にしたら求めることができる」というつけ足し意見も出ました。

　教師が「辺の長さを調べれば面積を求められそうですか？」と問いかけると，ほとんどの子どもが「できる」と反応しました。「1cm^{2}を数えないでやれますか？」とさらに問いかけ，「できる」という反応を踏まえて，「辺の長さを調べて，（計算で）直角三角形の面積を求め，説明しよう」と子どもの発言を基に学習課題を設定しました。そして，方眼紙にかかれた直角三角形の図を配付しました。

②グループ学習

　2班のメンバー4人（A男，B女，D男，E女）は，それぞれ次ページの表のような考えをもちました。4名ともそれぞれ異なる状況となりました。

A	B
倍積変形アと等積変形イの２通りで求める。 ①$6 \times 4 \div 2 = 12$ <u>12cm^2</u> ②（図に横長の長方形をかく） （$4 \div 2$）$\times 6 = 12$ <u>12cm^2</u>	途中まで考えることができたが，面積を求めるまでには至らない。 ①図中に長方形（倍積変形）をかく（面積を求める式がわからない）。

D	E

倍積変形アの１通りで求める。
①長方形の面積の半分（２でわる）になるから，
  $6 \times 4 \div 2 = 12$ <u>12cm^2</u>
	倍積変形アと等積変形ウの２通りで求める。
	①合同な三角形を２つつくって長方形にして半分にする。
	  $6 \times 4 \div 2 = 12$ <u>12cm^2</u>
	②（図に縦長の長方形をかく）
	  $4 \times$（$6 \div 2$）$= 12$ <u>12cm^2</u>

172

　　２班の話し合いは，次の授業記録のようになりました。

A１　一人ひとりのやり方を確認しよう。 D１　僕から言うね。まず，三角形をもう１つつくって，縦が４cm，横が６cmの長方形をつくって，面積が24cm^{2}になります。ここまでわかりますか？（３名，うなずく） 　　　それで，三角形の面積を求めるから，わる２をして，$24 \div 2$で12cm^{2}となります。 E１　同じ考えで求めました。 A２　Dさんが言った方法もあるけれど，もう１つのやり方があります。	 E１，A２では，EとAは，Dの説明を聞いて，考え

（自分のワークシートを指しながら）ここの三角形のこの部分をこの空いているスペースに埋めます。そうすると長方形ができます。ここまでいいですか？（3名うなずく）	方が自分と同じであることを理解した。
この長方形の縦が2cmになって，横が6cmになります。ここまでわかりますか？（3名，うなずく）	A2ではAは3名にワークシートを見せ，図を指しながら説明している。
この長方形の面積はこの三角形の面積になると考えました。	

D2　長方形をつくったのですか？

A3　はい。だから，この長方形の面積イコール三角形の面積として求めました。

E2　じゃあ，この長方形の面積になるということですか？

A4　はい。

E3　三角形のどこの部分をもっていった（移動）のですか？

A5　この長方形（横長の長方形）のこの部分は，三角形のここと同じ面積になるでしょ。だから，この部分をもっていきました。

E4　わかりました。（うなずく）

D3　僕の方法より，Aさんの方法の方がいいな。

E5　ちょっと，待って。他の子のやり方を確認してからよいやり方を決めましょう。

E2，E3，E4では，EはAの説明を聞いて，Aの考え方と自分の考え方の相違点に気づいた。

D3から，Dは等積変形の考えのよさに気づいたことがわかる。

173

E6	（自分のワークシートを指しながら）<u>私は，Dのやり方もしたけれど，Aのやり方と違っているやり方をしました。</u>	E6は，自分の考え方とAの考え方を比較した意見である。
A6	（Eのワークシートに書かれている縦長の長方形を指し），<u>これは縦にしたんだね。</u>	A6では，Aは，Eの考え方と自分の考え方の相違点に気づいた。
E7	そう。<u>Aさんはこの部分をこっち（横）にもっていって（横長の）長方形をつくったけれど，私は，この部分をこっち（上）にもっていって（縦長の）長方形をつくりました。</u>（3名うなずく）だから，縦の4cmと横の3cmで12cm²としました。	E7は，イとウの考え方の相違点に気づいた意見である。
D4	そうか。	
A7	Bさんはどうやったの？	A7，E8では，Bを蚊帳の外にしないよう巻き込んでいる。
B1	途中までしかわからなかった。	
E8	途中まででいいから言ってみて。	
B2	四角形をつくってみた。	
E9	どっちの四角形？　大きい方（倍積した長方形）？　小さい方（等積した長方形）？	
B3	大きい四角形にして考えた。こことここが同じになるから。	
E10	増やして考えたんだね。	E10，A8では，肯定的にBの考えを聞いて，Bの考
B4	（うなずく）うん。	
A8	Dさんと同じやり方なんだね。	

B5　（うなずく）うん。

E11　その後はわかる？

B6　（首をかしげる）

D5　僕が後で説明するね。

B7　うん。

（DがBに説明する）

A9　じゃあ，グループとして意見をまとめ
　　よう。いくつの方法にまとめたらいい
　　かな？　3つか，2つか？

E12　みんな同じようにやったと思う。

A10　Dさんのやり方はみんなやっていて，
　　僕とEさんのやり方はあまり変わらな
　　いと思う。

E13　うん。

A11　どっちか（縦にするか，横にするか）
　　にするだけだから。

D6　半分にするか，こっちかこっちにも
　　っていくやり方があります。

（B，Eはうなずく）

A12　じゃあ，ホワイトボードに2つ書こう。

A13　Bさん，続きをやってみて。

D7　Bさん，この続きをホワイトボードに
　　書きながらやってみよう。

E14　Bさん，Dさんの説明は聞いてわかっ
　　た？

B8　うん。

B9　（ワークシートをDに見せながら）こ
　　こ（横）とここ（縦）で四角形になっ

えを引き出そうと
している。

D5では，Dは，
Bが自分と同じ考
え方をしており，
どこでつまずいた
かがわかったので，
Bに説明する役を
買って出た。

A9で，Aが「3
つか，2つか？」
と言っているのは，
AとEの考え方が
同じであることに
気づいているから
である。

E12は，みんなア
の方法をしたとい
う意見である。

A10，A11は，メ
ンバーの考え方を
整理し，イとウの
考え方はかわらな
いと統合して捉え
ている。

D6は，メンバー
の考え方は，倍積

て半分になる。
E15 じゃあ，式と説明を言ってみて。
B10 ここ（横）が6cmで，ここ（縦）が4
   cmで，6×4で24で，÷2をして，12
   cm^{2}になる。
（A，D，Eはうなずき「いいね」）
E16 Bさん，わかったね。
B11 うん。
（この後，Bは説明したことを自分のワーク
シートに書く）
E17 じゃあ，Dさんのやり方をホワイトボー
   ドに書こう。
D8 AさんとEさんのやり方も書こう。
A14 ホワイトボードを2つに区切ってかこ
   う。僕とEさんのどっち（縦長にする
   か，横長にするか）を書いたらいいか
   な？
E18 どっちでもいい。私のやり方を書いて
   いい？
A15 うん。
（以下，ホワイトボードには，アとウを図と
式で書く）
	変形と等積変形の
	2通りであると統
	合して捉えた意見
	である。
	A12で，グルー
	プとして2通りの考
	え方にまとめた。
	A13，D7では，
	Bに続きをやらせ
	て解答が導けるよ
	うにしようと配慮
	している。

 2班は，最初，Dが倍積変形した考えを説明し，AとE
はそれを聞いて，自分と同じ考え方であると理解しました。
次に，Aが等積変形（イ）を提示し，Eは自分の考え方
（ウ）と異なることに気づき，E6，A6，E7のように，
比較する話し合いが進みました。グループとしての考え・

解法にまとめる話し合いにおいて，A9「3つか，2つ
か」という意見から，E12，A10，A11，D6のように，
イとウの考え方が統合され，グループとして倍積変形
（ア）と等積変形（イとウ）の2通りにまとめることがで
きました。このように，2班は互いの考えを比較する中で
共通点を見いだし，統合して捉えることができました。

　また，途中までしか考えることのできなかったBをおい
てきぼりや蚊帳の外にしないように，A，EがBの意見を
肯定的に受け止め，考えを引き出すようにしました（E8，
E10，A8）。Bは自分が途中まで考えたことは間違って
いないことがわかり，その続きをDの支援を受けながら正
しく解くことができました。

③全体交流

　9つのグループのホワイトボードが貼り出されました。
その状況は次ページの表の通りです。なお，アは倍積変形，

イは等積変形（横長の長方形にする），ウは等積変形（縦長の長方形にする）を表しています。

アだけ	アとイ	アとウ	イだけ
3班，4班，6班，7班 8班，9班（6つの班）	5班	2班	1班

　倍積変形（ア）には9グループ中8グループが気づき，等積変形は3グループが気づいていました。子どもたちは，貼り出されたホワイトボードの状況を読み取り，全体で3通りの考え方をしていることを捉えました。話し合いは，アで求めていない1班にアの考え方を説明し，アしか気づいていない6つの班に，イとウの考え方をした班が説明するようにして，全体でア，イ，ウの3通りを理解するように進めました。その中で，イとウの考え方を比較し，統合して捉える意見を引き出すようにしました。

　話し合いでは，次の授業記録で示すように，5班がイの考え方を説明し，その中で，縦の辺4cmを2でわり，（横長の）長方形に変形することを説明しました。その説明を聞いて，C5から「なぜ4÷2にしたのか」と質問があり，続いて，C7から「（4÷2ではなくて）4−2で求めてもいいのではないか」という意見が出されました。C5，C7の発言から，子どもたちは，「÷2」なのか「−2」なのか話し合いました。

C1 どの班も答えは12㎠です。どうですか？

C いいです。

C2 大きな長方形にしているグループと，そうでない
グループがあります。

T1 1班は大きな長方形にしていないけれど，そのや
り方はわかりますか？

C3 ホワイトボードを読み取ったら理解できました。

T2 どの班の説明を聞きたいですか？

C4 5班の考えが聞きたいです。

（5班が前に出て説明をする）

5班の説明（抜粋）

イ 等積変形（横長の長方形にする）

僕たちのやり方は2つあっ
て，1つは三角形を長方形に
直すやり方です。縦は4㎝，
横が6㎝です。長方形に直す

と，長方形の縦の長さは2㎝となります。ここまでい
いですか？

だから縦は4÷2です。ここまでいいですか？

横の6㎝をかけると，2×6となって，面積は12
㎠となります。どうですか？

C5 （5班に対して）質問で，（前に出て）<u>この部分は
なぜ4÷2にしたのですか？</u>

C 6 三角形のときは，縦が4マスあって，長方形のときは2マスになるからです。

C 7 <u>4マスから2マスをひいてもいいのではないですか？</u>

T 3 4÷2なのか，4－2なのか，グループで相談してみてください。

（グループで相談する）

C 8 <u>ひき算で求めた方がいいと思います。理由は，その長方形がたまたま4cmだから2でわって2cmになるけれど，縦が5cmだったら困るから，ひき算で求めた方がいいと思います。</u>どうですか？

（8名くらい賛成の挙手をする）

T 4 他のみんなもそれでいいのかな？

（ざわめきが起き，自然とグループで相談が始まる。「奇数と偶数で違うのかな」などとつぶやきが出る）

C 9 （前に出て）この辺（縦）の長さの半分をもっていけば長方形になるので，÷2の方がいいと思います。

（数名が賛成の挙手をする）

T 5 どっちが正しいのかな？

（再び自然とグループで相談が始まる）

C10 縦の長さを半分にしないといけないから，÷2だと思います。

C11 4cmの半分を求めたいから，÷2が正しいと思います。もとの数の半分を求めるときは÷2なので，

－2ではなく，÷2が正しいと思います。

C12 （前に出て）僕は－2の方がいいと思います。例えば，ここの縦が3cmや5cmのとき，半分は求められないから，－の方がいいと思います。

C13 （前に出て）÷2をして半分にしないと，これを動かしたときに長方形にならないと思います。

（賛成の挙手が増える）

C14 C12さんが言った3cmでも5cmになっても，1.5cmや2.5cmにすればわりきれるので，わり算でいいと思います。

（賛成の挙手が増える）

C11 C8さん，C12さんに質問で，ひき算をする場合，縦が5cmや3cmだと何をひくのですか？

C 確かに，何をひくのかわからない。

C13 ひき算なら，今の図形の場合は4－2で，半分の数は求められるけれど，5cmになった場合は半分の数は求められないので，わり算で求めた方がいいと思います。

（賛成の挙手が増える）

C14 結局，÷2をしてから，その数でひくことになるので，最初からわり算で求めたらいいと思います。

C15 （前に出て，黒板に三角形の図をかきながら）縦が5cmとすると，－2をすると3になり，この三角形をこちらに移動すると，こちらは3cmで，こちらは2cmとなるから，形が変になって，長方形

にならないから，面積が求められません。

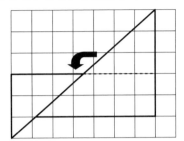

だから，÷2をして半分にしないといけないと思います。

C　いいです。（多くの子どもが賛成の挙手をする）

T6　−2と考えていたC7さんはどうですか？

C7　うーん…。

C13　僕が説明します。C15さんが言ったように，−2をすると，（C15の図を指し）こちらが3㎝になって，この部分が出てしまって長方形にならないけど，÷2をすると2.5㎝になり，（図をかきながら）2.5で切ってこちらにもっていくと長方形ができるので，わり算の方がいいと思います。

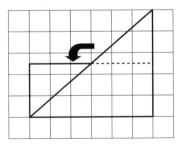

C　賛成です。（ほとんどの子が賛成の挙手をする）

T 7　C 7さん，どうですか？

C 7　わかりました。

　以下，2班のウの考え方も，6÷2にして長方形に変形することを確認しました。そのうえで，教師は「結局，全体で何通りの考え方になるかな？」と発問しました。子どもから5班と2班は同じ考え方であるという意見が出て，全体で2通り（倍積変形と等積変形）であると意見がまとまりました。

　授業記録のように，C 7「4マスから2マスひいてもいいのではないですか？」，C 8「縦が5cmだったら困る」，C 12「3cmや5cmのときは半分は求められない」といった意見が出されました。C 7，C 8，C 12は，グループ学習で倍積変形の方法しか気づかず，等積変形の考え方に気づかなかった子たちで，−2と考えたのは，÷2をすると整数にならない場合に困るという理由です。これは，1cm方眼紙に図形がかかれていることから，辺の長さは整数にならないといけないと考えているからだと思われます。これらの意見が出たことにより，グループ学習で，ア倍積変形しか気づかなかった子どもたちだけではなく，イやウの等積変形で面積を求めた子どもたちについても，面積の同じ長方形に変形する仕方をはっきりさせ，等積変形についての理解が深まる話し合いとなりました。

　また，C 15やC 13のように，図をかきながら，−2では

183

いけない根拠を示し，筋道立てて説明することができる子どもがいました。聞いている子どもたちは，その説明によって，図から等積変形の考え方を深く理解することができました。

第2部 実践編

第6章
グループ学習を
生かした
6学年の授業事例

1
6年生の
指導のポイント

　6年生ともなると，抽象的な思考ができるようになり，論理的に問題を解決する能力が向上します。5年生で，多様な考え・解法を導き，それらを比較検討する学習をしてきており，6年生では，多様な考え・解法を比較検討する中で，それぞれの考え方のよさを理解し，課題（問題）をよりよく解決するための話し合いができるようにします。さらに，筋道だった説明や数学的な表現を用いた説明などの表現力も高めるようにします。

　6年生は，仲間意識がさらに深まり，相手の立場や状況を理解して相手のことを考えた言動ができるようになってくる時期で，協同的な活動に対する意識が高まります。また一方で，学習に対する個人差が広がり，算数の学習内容が難しくなってくるため，算数に対する苦手意識が強くなる子どもがいます。

　このような段階を踏まえ，6年生では，個人差が広がっているメンバーの状況を踏まえて協同的な活動を進め，わからない子，誤答をした子，異なる考えをした子を尊重し，誤答や異なる考えを肯定的に受け止め，比較検討する中で，修正したり，統合的・発展的に考察したりして，よりよく解決する学習を目指します。

(1) グループ学習

　6年生で目標にすることは5年生と大きくは変わりませんが，活動をさらに充実させるようにします。
- ・根拠をあげて筋道だった説明をして，誤答を修正したり，多様な考え・解法を導いたり比較検討したりしてよりよく解決する。
- ・多様な考え・解法のよさを理解し，統合的・発展的に考察する。
- ・数学的な表現（式，線分図・数直線，図，表，グラフ，□・文字など）を効果的に用いて，ホワイトボードにまとめる。
- ・メンバーの状況を踏まえ，わからない子や誤答をした子の意見を肯定的に受け止め，相手の考えを引き出したり，メンバーを巻き込んだりしながら，メンバー全員が高まるよう協同的に活動を進める。

(2) 全体交流

　6年生では，全体交流の流れにも慣れてくるので，プロセス3の話し合いの進め方を自分たちで考えたり，積極的に異なる考え・解法をしているグループに説明を求めたり，つまずいているグループに説明をしたりする姿勢を育てた

いものです。

　また，全体交流では，貼り出されたホワイトボードに書かれている考え・解法のよさを理解したうえで，よりよく解決していくための話し合いをするようにします。誤答があったとしても，どこまでが正しいのか，どうして誤答を導いたのかを理解するようにします。

　また，全体交流で話し合っている内容について，グループのメンバーがおいてきぼり，蚊帳の外にならないよう，教師に指示されなくても，子どもたちが自然とグループで相談して，理解を確認したり，説明したりするようになるとよいでしょう。

188

2
授業事例
「円」
(第5時 (いろいろな面積の求め方))

(1) 授業のねらいと概要

「円」の第5時「いろいろな
面積の求め方」では，右の図の
斜線部分の面積を，式と図とを
結びつけて求めることがねらい
です。

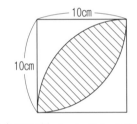

この授業では，問題の図形を多角的に見て，いろいろな
図形に着目して，分割，合併，重なり部分をひくといった
考え方を用いて，斜線部分の面積を求めます。斜線部分の
面積を求めるためには，下の⑥，⑥，⑥，⑥，⑥の図形に
着目し，それらを組み合わせて求めます。

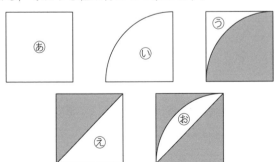

あ～おの図形を用いると，ア，イ，ウ，エのような求め方があります。

　ア　い－え＝お，お×２

　イ　あ－い＝う，あ－う×２

　ウ　あ－い＝う，い－う

　エ　い×２－あ

　この問題のよさは，ア，イ，ウ，エのように多様な考え・解法で斜線部分の面積を求めることができることにあります。このような問題の特性を生かして，授業では，子どもが多様な考え・解法で面積を求め，それをグループ学習と全体交流で比較検討し，考え・解法のよさを理解し，よりよく解決していくようにします。

　そこで，子どもが多様な考え・解法で導くことができるように，問題提示を工夫し，見通しをもたせるようにします。具体的には，問題の図の辺の長さ（10cm）を示さずに提示し，どのように求めるか，求め方の見通しをもたせるようにします。数値があると，子どもはその数値をどう計算して解答を得るかに目が向きがちになり，解答を得ることが主眼となってしまう場合があるからです。数値を示さないで，どの図形をどう組み合わせたら斜線部分の面積を求めることができるか，求め方を考えさせます。

　また，問題の図は様々な図形が絡み合っており，問題を解くために必要な部分を見いだすのは容易ではありません。特に，問題の図はいが２つ組み合わさっており，斜線部分が２つのいの重なりからあの面積をひけば求められること

に気づくのは，6年生の段階でも容易ではありません。

　そこで，問題提示の際に，斜線の部分の面積を求めるには，どの図形を使ったらよいか見通しを発言させ，見通しについて全体で意見交流する場を設けるようにします。

問題

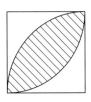

　正方形の中の斜線の部分の面積を求めましょう。

※正方形の1辺の長さ10cmは示さない

授業の流れ

1	課題設定	学習計画に照らして，本時は円について複雑な問題を解くことを確認する。
2	問題把握 見通し	問題の図に辺の長さ（10cm）を示さないで提示する。斜線の部分の面積を求めるには，どの図形を用いればよいか，見通しをもたせる。見通しについて全体で話し合う。
3	自分の考えをもつ	いろいろな求め方を考えさせる。求め方は，あ，○等の図を用いて表す。
4	グループ学習	多様な考え・解法を出し合い，それぞれを理解し，比較検討する。
5	全体交流	多様な考え・解法について，それぞれの考え方を筋道立てて説明し合い，それぞれの考え・解法のよさを理解するとともに，よりよく解決するための話し合いをする。

授業のポイント

解決の見通しを全体で話し合う

　子どもに「斜線の部分の図形の面積は，どの部分の図形を用いて求めることができそうですか？」と発問し，気づきをいろいろ発言させることで，問題の図形を多角的に捉えさせ，解決の見通しをもたせるようにします。

必要な図形の面積の値をあらかじめ示す

　先述の通り，授業の主眼を多様な考え・解法を導き，比較検討することに置きます。そこで，計算ミスのために誤答をしてしまうことを減らすため，あ，い，えの図形の面積の値は教師があらかじめ示すようにします。円の $\frac{1}{4}$ であるいの図形は，前時の授業の練習問題で扱っておくようにします。また，計算が小数になるので，電卓を使ってよいことにします。

図を用いた式を書かせる

　この授業では，ノートやホワイトボードに式だけ書くと，どの図形をどのように使って求めたのかがわかりづらく，話し合いの場で式の説明に終始してしまい，重点を置きたい考え方の説明が希薄になってしまうことが懸念されます。そこで，自分の考えを書く場やホワイトボードでは，次ページのように，あ〜えの図形を用いた式にするよう指示して，ぱっと見たら，どの部分の図形をどう組み合わせて求めたのかわかるように書かせます。

図を用いた式（エの求め方の場合）

(2) 授業の実際

①見通しについての話し合い

　教師が問題の図形を提示し，「斜線の図形の面積は，どんな図形を使ったら求めることができそうですか？」と発問し，子どもの反応を見ながら，グループで相談させました。すると，子どもから，あ，い，う，え，おの図形が出

てきました。「いは円の$\frac{1}{4}$の図形です」「うはあからいをとった部分です」などと図形に対する説明も出され，子どもたちは問題の図形を多角的に見ることができました。話し合いの中で「いは２つ必要です」「おは２つ必要です」「あ〜おの図形をたしたり，ひいたりして求めることができる」という解決の見通しをもった意見も出されました。これらの状況を踏まえて，教師は，「あ〜おの図をかいて，それをたしたり，ひいたりする式をつくり，面積を求めましょう」と指示し，３分間自分の力で考えさせました。

※実際の授業では，求める部分が斜線ではなく緑色で，子どもは“葉っぱ”や“緑色の部分”という言い方をしました。授業記録でもその言葉で記述してあります。

②グループ学習

9班では，A男，B女，D女，E女がそれぞれ下のように考えました。Aは3通り（ア，イ，ウ），Bは途中，Dは1通り（ア），Eは2通り（ア，イ）でした。

A	B
3通り（ア，イ，ウ） ①（アの方法） 　◌─◌＝◌，◌×2 　78.5－50＝28.5 　28.5×2＝57　<u>57cm²</u> ②（イの方法） 　◌─◌＝◌，◌─◌×2 　100－78.5＝21.5 　100－21.5×2＝57　<u>57cm²</u> ③（ウの方法） 　◌─◌＝◌，◌─◌ 　100－78.5＝21.5 　78.5－21.5＝57　<u>57cm²</u>	途中までしかわからない。 　（図には対角線が入れてある） 　10×10＝100 　100÷2＝50 　…（途中）
D	**E**
1通り（ア） ①（アの方法） 　10×10×3.14＝314 　314÷4＝78.5 　10×10÷2＝50 　78.5－50＝28.5 　28.5×2＝57　<u>57cm²</u> （図をかいておらず，式だけ）	2通り（アとイ） ①（アの方法） 　◌─◌＝◌，◌×2 　78.5－50＝28.5 　28.5×2＝57　<u>57cm²</u> ②（イの方法） 　◌─◌＝◌，◌×2 　◌─◌×2 　100－78.5＝21.5 　21.5×2＝43 　100－43＝57　<u>57cm²</u>

この状況を踏まえ，9班は次の授業記録のように話し合いました。

A1　どんなやり方がありましたか？	ワークシートを中央に出し，互いに見合う。
A2　まず答えを確認しようか。	
D1　57cm²になった。	A2は，話し合いの進め方に関する意見である。
E1　私も57cm²になった。	
A3　僕も57cm²になった。	
B1　私は途中までしかわからなかった。	B1，B2では，Bは途中までしかできなかったことをメンバーに伝えている。
A4　<u>Bさん，わかったところまで言ってみて。</u>	
B2　50まではできた。	
D2　<u>50というのはここ（Bのワークシートを指しながら）だね。</u>	A4，D2，A5では，Bの考えを肯定的に受け止めている。
B3　うん。	
A5　<u>（Bのワークシートを指しながら）この三角形の面積が50になることはわかったんだね。</u>	
B4　うん。	
A6　じゃあ，Bさんの続きを言える人はいますか？	A6では，Aは自分が説明するのではなく，他の子を巻き込むようにしている。
B5　三角形からここ（あ）を求めたいんだけれど，どうやってやったらいいのかわからない。	B5では，Bは自分がわからないところを説明した。
A7　Dさん，Bさんの途中までと同じじゃない？	
D3　うん，ここ（自分のワークシートを指して）まではBさんと同じ。	A7は，BとDの考えが同じであることを理解している意見
D4　Bさん，私のワークシートを見てね。	

195

A 8　（Dのワークシートを指し）78.5－
　　　50をすればいい。Bさん，78.5はど
　　　こかわかる？

B 6　…

D 5　<u>ここ。（自分のワークシートを指し</u>
　　　<u>ながら）円の$\frac{1}{4}$の部分だよ。</u>

B 7　うん。

D 6　<u>その78.5から三角形をひけば，⑩が</u>
　　　<u>出るよ。</u>

B 8　うん。

D 7　<u>それは葉っぱの形の半分だから2倍</u>
　　　<u>すれば求めることができる。</u>

B 9　ああ，そうか。わかった。

A 9　それが1つのやり方で，他にもある
　　　よ。

E 2　じゃあ，私が言うね。

E 3　正方形（⑩）から円の$\frac{1}{4}$（◌）をひ
　　　けば，◌が出て，それが2つあるか
　　　ら2倍して，正方形（⑩）からひけ
　　　ば葉っぱの部分の面積が出ます。

A 10　そのやり方もあるね。僕も同じやり
　　　　方をしたよ。まだ，別のやり方があ
　　　　るよ。

A 11　円の$\frac{1}{4}$から◌をひけば出る。

（C，D「ああ，そうか」）

A 12　◌は21.5になったから，78.5－21.5
　　　　をすれば57cm^{2}と出る。

（C，D「そうだね，わかった」）

である。

A 8では，AはDの
ワークシートを指し
ながらBに説明し，
続きをDに言わせよ
うとした。

D 5，D 6，D 7で
は，DはBの表情を
見て，確認をとりな
がら説明している。

A 10では，AはEの
考えと同じであるこ
とを理解している。

A13 じゃあ，ホワイトボードにまとめよう。図でかいた方がわかりやすいから，Dさんのやり方を図でかくとどうなるかな。最初かくから，後はDさんつないでかいてね。 （Aは□の図をかく） （Dは◎－②＝⑤の図をかく） B10 これに×2をする。 D8 そうだね。 （Dはホワイトボードに◎－②＝⑤×2と書き（式は間違っている），その下に図をかく。そして，ホワイトボードをBに渡して式を書かせようとした） A14 これがまず1つ目としよう。もう1つのアイデアは，Eさんのがあったね。 （Eはホワイトボードに図をかく） ⑤－◎＝③　③×2 ⑤－(③×2)＝葉っぱ A15 これを説明できるようにしよう。Bさん，説明をしてみて。 （以下Bに説明と式を書かせる。A，D，EはBが正しく解けるように支援する）	A13では，AはDがワークシートに図をかいていないことを知り，Dが図を使って説明を書けるように助言している。 B10では，⑤×2と発言しており，BはD7の説明を聞いて理解したことがわかる。 A15は，Bがアの求め方だけでなく，イの求め方も理解できるようにするための発言である。

　ワークシートを一斉に見せ合ったことで，だれがどのような求め方をしており，自分と同じなのはだれか，だれとだれが同じなのかを，図を見てすぐに捉えることができま

した。

　9班は，Aを中心に，メンバーの状況を踏まえて，メンバー全員が高まるよう話し合いました。まず，Bができていないので，Bが途中までどう考えたかを肯定的に聞き（A4，D2，A5），そのうえで，DはBが自分と同じ考え方で求めようとしたことを理解し，Bに説明しました。その際，Dは「確認」の言い方をして（D5，D6，D7），Bが正しく理解できるように導きました。

　A13では，AはDがホワイトボードに図をかいていないことを知り，Dに図をかくように助言しています。その際，Aは自分がはじめに図をかいてからDにホワイトボードを渡し，Dがかけるように支援しました。このように9班は，途中までしかできていない子（B），不十分な子（D）を大切にしており，それらの子が理解できるように，メンバーがかかわりました。また，異なる考え方も理解し合うように話し合い，協同的なグループワークがなされました。

　なお，9班では，ア，イ，ウの3つの求め方を出し合いましたが，グループとしてはホワイトボードにはアとイを書きました。ウの考えもあったのですが，Aはみんな確実に理解し，説明することができるようにと，アとイに絞ってまとめるようにしました（A14，A15）。

③全体交流

9つの班がホワイトボードを貼り出しました。その状況は下表のようになりました。（ア〜オは求め方です）

ア	イ	ウ	エ	オ
1班，2班 3班，4班 5班，9班	1班，3班 4班，7班 8班，9班	4班 7班	6班	2班

※オの求め方は　（図）　の図から（314−200）÷2として求めている。

貼り出されたホワイトボードを見て，子どもたちは，グループで相談しながら，自分のグループがまとめた考え・解法と同じかどうか，また，どのグループとどのグループが同じ考え・解法なのか比較しながら読み取りました。すべてのグループが，"葉っぱ"（斜線の部分）の面積は57cm^{2}としていることを確認し，次に，どういう考え方・解法をしているのか整理しました。

その後，話し合いの進め方について，子どもから「答えはみんな同じだけれど，やり方が違うので，発表してください」という意見がでて，自分たちのグループがしていない解法を理解し，みんなでいろいろな解法を理解しようと，話し合いの目的をもつことができました。

最初に，アの方法をしていないグループ（6，7，8

班）があるので，アの方法について，4班が説明（リレー説明）をしました。4班は，6班，7班，8班に確認をとりながら説明し，その説明を受けて，6班，7班，8班は理解することができました。4班は，ア以外に，イやウの方法をホワイトボードにかいてあるのですが，その説明をしないで，他のグループに説明を譲りました。この姿に，みんなで説明し合おうという意識が育っていることがわかりました。次に，説明を聞いてみたいグループとして，6班が指名されました。これは，6班だけがエの方法をしているからです。6班の発表と，その説明を聞いた子どもたちの反応は，次の授業記録のようになりました。

200

（6班（F，G，H，I）が前に出て説明をする）

F1 僕たちの班は，ⓘとⓘの図形を重ねたら正方形になるから，正方形から，重ねた図形をひけば答えが出るのではないかと思いました。ここまでわかりますか？

（Gがⓘの図形を2枚重ねて，正方形状にして示す）

C1 もう1回言ってください。

H1 （ⓘの図形を使いながら）ⓘを2枚このように重ねると，ⓐと同じ形になることはわかりますか？

C はい。（多数）

H2 でも，ⓘを2枚重ねると，この形（斜線の図形）が重なっているので，2枚重ねたⓘからⓐをひいたら，この形（斜線の図形）が求められると思っ

て考えました。

C　　ああ，そうか。（多くの子どもから声が上がる）

C　　簡単だ！（数名の子が大きな声でつぶやく）

T1　どう思いましたか？

C2　簡単です。

C　　重ねたところに目をつけて考えたんだ。気づかな
　　　かった。

C　　すごい！

C　　いい考え！（多くの子がうなずく）

（以下略）

　6班は，あと◯の図形をうまく使いながら説明すること
ができ，「重なり」に気づいていなかった子どもたちから
「すごい」「簡単だ」「いいやり方だ」という声が出ました。
エの方法のよさに気づいた瞬間です。

　この授業では，教師が意図的にエの方法をした6班を指

名して発表させるのではなく，子どもたちがすべてのホワイトボードに書かれている内容を読み取り，比較して，エの方法が6班しかやっていないことに気づき，6班に説明を求めました。このような流れによって，聞く側は，どのような考えをしているのだろうかと自然と興味関心がわき，説明を聞くので，考えのよさを味わうことができるのです。

　6班の発表の次に，子どもたちは，2班に説明を求めました。2班は，自分たちしかしていないオのやり方を6班同様，図形のスキットや黒板に図をかきながら説明しました。

　この授業では，全体交流で，解答がどのグループも同じであったことから，みんなが多様な考え・解法を理解できることを目的にして，話し合い活動が行われました。そこでは，子どもが主体的に自分のグループがしていない考え・解法をしているグループに説明を求めていました。そして，自分たちの考え・解法と比較しながら，説明を聞き，その考えのよさを理解することができました。

第2部で紹介した事例の授業者

1年：豊田市立寿恵野小学校　柴田康恵教諭（2018.11）

2年：豊田市立寿恵野小学校　楯ますみ教諭（2019.2）

3年：豊田市立寿恵野小学校　久野結子教諭（2018.12）

4年：豊田市立寿恵野小学校　中西美咲教諭（2019.6）

5年：豊田市立寿恵野小学校　板倉祐輝教諭（2019.1）

6年：豊田市立寿恵野小学校　田中志奈教諭（2019.6）

引用・参考文献一覧

・石田淳一，神田恵子（2012）．子どももクラスも変わる！「学び合い」のある算数授業．明治図書．

・石田淳一，神田恵子（2014）．聴く・考える・つなぐ力を育てる！「学び合い」の質を高める算数授業．明治図書．

・石田淳一，神田恵子（2015）．「学び合い」を楽しみ深める！　グループ学習を取り入れた算数授業．明治図書．

・石田淳一，神田恵子（2016）．学力が向上する！　学び合いの算数授業　「35＋10」分モデル．明治図書．

・ジョンソン，D. W.／ジョンソン，R. T.／ホルベック，E. J. 著．石田裕久，梅原巳代子訳（2010）．学習の輪．二瓶社．

・国立教育政策研究所（2017）．OECD 生徒の学習到達度調査（Programme for International Student Assessment）PISA2015年協同問題解決能力調査—国際結果の概要—．国立教育政策研究所．

・文部科学省（2017）．小学校学習指導要領（平成29年告示）解説　算数編．日本文教出版．

・杉江修治（2011）．協同学習入門　基本の理解と51の工夫．ナカニシヤ出版．

・わくわく算数．1年〜6年（2015〜2019年度用教科書）．新興出版社啓林館．

おわりに

子どもの可能性を信じて

　A先生は，本書で紹介した指導法の実践に抵抗がありました。それは「自分の学級の子どもたちでは活発な話し合いはできないだろう」という思いから来るものでした。

　本書の指導法を取り入れるにあたり，A先生は，子どもたちに6年生の学び合う姿をVTRで見せ，授業に臨みました。「1個25円のお菓子100個の値段は何円か」を考える場面。グループで対話が起こり，話し合う声はだんだん大きくなりました。わからないでいる子を囲んで説明しながらホワイトボードに解法をまとめるグループの姿もありました。その姿を見るA先生の表情は，驚きと喜びにあふれていました。授業後，A先生は上気した表情で，私に「自分のクラスの子どもはできないと決めつけていたことをはずかしく思いました。6年生の学び合う姿を見て，子どもたちは変わりました」と私に語ってくれました。

　子どもたちは級友と学び合いたいと思っています。A先生のように，これまでの自分の授業観を変え，子どもの可能性を信じて，本書で示したグループ学習を生かした算数の授業（学び合いを生む協同解決型の授業）に取り組んでいただけたらと思います。本書が授業改善を目指す先生方の一助になれば幸いです。

　2020年1月

　　　　　　　　　　　　　　　　　　　鈴木　正則

【著者紹介】

鈴木　正則（すずき　まさのり）

1961年愛知県生まれ，愛知教育大学大学院で数学教育専攻，小学校に10年間，中学校に8年間勤務し，豊田市教育委員会指導主事，半田市立中学校長，豊田市立中学校長を経て，2018年から，至学館大学教授。

研修会・研究会の講師や講演の他，学校現場に出向いて研究・授業実践，指導助言にあたっている。持ち前の明るさとバイタリティをいつまでも持ち続けることがモットー。

主な著書（いずれも明治図書）

『数学大好き　わかる楽しい授業のアイデア70集』（共著）

『数学大好き2　教科書を使ってわかる・できる楽しい授業づくり』（共著）

『算数授業力アップ！　つまずき指導のアイデア12か月』（1〜3年編，4〜6年編）（編著）

『中学校数学科　数学的な考え方を育てる課題&キー発問集』（単著）他

『教育科学　数学教育』に多数寄稿

小学校算数　グループ学習大全

2020年2月初版第1刷刊	○C著　者 鈴　　木　　正　　則
	発行者 藤　　原　　光　　政
	発行所 明治図書出版株式会社

http://www.meijitosho.co.jp

（企画）矢口郁雄（校正）大内奈々子

〒114-0023　東京都北区滝野川7-46-1
振替00160-5-151318　電話03(5907)6701
ご注文窓口　電話03(5907)6668

＊検印省略　　　　　組版所 株　式　会　社　カ　シ　ヨ

Printed in Japan　　　　ISBN978-4-18-283314-4

もれなくクーポンがもらえる！読者アンケートはこちらから

→